Collection

souris noire

dirigée par
François Guérif

L'auteur

Claudine Aubrun. Pendant longtemps, avant d'écrire, j'ai lu, étudié aux Beaux-Arts, observé, rencontré des gens, voyagé, fait des tas de boulots, souvent différents mais presque toujours en relation avec la communication et les livres. Et, pour mon plus grand bonheur, j'ai eu deux filles.

On peut le dire, pendant tout ce temps, je me suis raconté beaucoup d'histoires avant de me décider à en inventer pour les lecteurs. J'ai longtemps tourné autour du pot. Puis, un jour, je suis tombée dans la marmite où l'on confectionne des romans. Ce n'est pas toujours très facile d'être dans une casserole. Mais, il faut le reconnaître, il y a de bons moments. Ceux que je préfère, c'est quand les idées bouillonnent dans ma tête, que mon histoire commence à prendre et surtout quand le lecteur dévore.

Du même auteur

• *Léa et le rôdeur*
Magnard Jeunesse. Collection « Les policiers », 2000.

Claudine Aubrun

Cruelle bouchère

Illustration de couverture
Jacques Ferrandez

souris
noire

[redacted]

SYROS
jeunesse

Catalogage Électre-Bibliographie
Aubrun, Claudine
Cruelle bouchère. – Paris : Syros, 2001. – (Souris noire poche ; 57)
ISBN 2-84146-922-0
Dewey : 811.5 : Albums et fiction. Romans. Aventures et voyages
Public concerné : Adolescents (à partir de 13 ans)

À Martine Sansas.
Pour Louise et Juliette.

1

Le crissement des freins résonne dans la gare. Le train Paris-Port-Bou ne va pas plus loin que la barre des Pyrénées. Terminus. La frontière.

À peine 8 h 45 du matin et la chaleur plombe déjà le quai. Mona se sent aussi froissée que le papier glissé dans la poche arrière de son jean. Elle palpe sa fesse droite, sent le renflement sous le tissu. Il est bien là.

Simona Chevalier, dite Mona, dite Mo, boit d'un trait un quart de sa bouteille d'eau minérale, en verse un peu à l'intérieur de sa main droite et humidifie sa nuque sous l'épaisse masse de cheveux longs et bruns.

– Vous continouez ?

L'homme planté devant elle sur le quai a passé la nuit dans le même compartiment qu'elle sur la couchette en face de la sienne, a mangé des sandwiches au chorizo et au pâté. Puis il a enlevé ses chaussures de sport très odorantes, a passé un bon moment à lancer des œillades vers la couchette de Mo et a ronflé toute la nuit.

Même si on la qualifie souvent de vrai cœur d'artichaut, Mona ne voit aucune raison d'être aimable avec lui. Le sommeil, pour elle, c'est précieux.

– Pourquoi, vous pensez qu'on peut s'arrêter

ici ? dit-elle sans essayer de cacher sa mauvaise humeur. Mais où est le poste de douane ?

Face à lui, Mona, un mètre soixante-quinze, regarde au-dessus de l'épaule de l'homme. Les passagers filent vers les bâtiments dans un bruit de roulettes de valises tirées. Le voisin de nuit de Mona lisse ses cheveux noirs puis arrange le col de sa chemise dont le tissu, archi tendu sur un ventre replet, est taché au niveau du nombril.

– Il n'y a plou de douaniers à la frontière. Par contre il y a un bar. Ça vous dirait oune petit déj...?

Elle est déjà loin. Pourtant, sa jambe, un accident de trapèze datant de deux ans, la fait souffrir. Sac de marin à l'épaule, Mo claudique jusqu'au bâtiment des voyageurs.

Le train de Barcelone est annoncé pour 9 h 46.

D'un geste vif, elle tire de sa poche la feuille de papier pliée en quatre et vérifie l'horaire. Mo relit l'e-mail pour la énième fois.

« Mona,

Mon père est d'accord. Tu peux venir chez nous autant de temps que tu le souhaites. Par contre, il n'est absolument pas d'accord pour que je devienne détective privé. C'est raidi bitoire[1]. Nous avons eu une conversation très en mouvement. Il se brute. Il a tort.

Ici, il fait très chaud. La cane y cule est terrible.

À bientôt, gare Barcelone Sants, mardi à 12 h 24. Nous viendrons te chercher.

Carla. »

*

* *

Sur la pointe de ses pieds chaussés de sandales, Carla essaie de voir au-dessus de la foule. Elle évite de justesse un groupe de jeunes Allemands chargés de volumineux sacs à dos. Ils manquent de la faire tomber. Elle se plaque contre un pilier du quai et attend, juchée sur une caisse, protégée de la foule.

– Carla ! crie Mona qui vient d'apercevoir sa cousine.

1. Rédhibitoire : qui constitue un empêchement.

Plantée devant elle, la Française est aussi grande que la fille perchée. Caisse comprise.

– Mona ! Mais tu es géante ! Je cherchais une petite bouillotte.

Carla mord sa lèvre supérieure. Elle n'a pas revu Mo depuis l'accident et s'était promis de ne pas faire de gaffe.

– Pas bouillotte mais boulotte, répond Mo dans un éclat de rire.

Mona regarde sa cousine avec amusement. Si elle n'a pas beaucoup grandi, Carla a drôlement changé dans sa façon de s'habiller. La dernière fois que Mo était venue en Espagne, Carlita, comme l'appelaient ses voisines, portait des chemisiers à frou-frou, des tas de rubans et de barrettes dans ses cheveux. Aujourd'hui : jupe vert d'eau fluide et légère, tee-shirt à bretelles ultra-fines et sac en bandoulière.

– Nous allons prendre un taxi. Mon père voulait venir te chercher mais il a trop de travail !

Carla a une petit moue désabusée qui veut dire : « Comme d'habitude ! »

Impossible de s'entendre dans le chahut de la gare ! Dos courbé sous le poids de son sac, Mo suit Carla en silence jusqu'à la sortie. À la station de taxi, ce n'est pas mieux ! Les voitures jaunes et noires sont rares, et les clients nombreux.

Deux larges auréoles se dessinent sous les bras de Mona. Elle s'asperge avec le reste de la bouteille. L'eau dégouline sur son chemisier bleu et même sur le jean.

– Eh ! hurle Carla en direction d'un homme qui tente de s'installer dans une voiture libre. C'est à nous ! Vous n'avez qu'à faire la queue !

« L'homme du Paris-Port-Bou », pense Mo en se retournant pour ne pas être reconnue. Tirée par sa cousine, Mo se retrouve sur la banquette arrière du taxi, son énorme sac sur les genoux.

– Carrer del Torrent de l'Olla, lance Carla.

Mo se retourne. Dans la lunette arrière, elle aperçoit le passager du Paris-Port-Bou. L'homme fixe le taxi avec un drôle de sourire.

– Tu t'habitueras. Ici, il ne faut pas se laisser marcher sur les jambes.

– Sur les pieds. Je vais essayer.

– Rentre ! dit Carla. Pose ton sac où tu veux. Je te prépare quelque chose à boire.

Mo pénètre dans une pièce aux volets entrouverts. La lumière est si vive dehors que cela suffit pour l'éclairer. Des livres couvrent les murs du salon, casés dans tous les sens. Sur la cheminée, sur une table, à même le sol, des centaines de volumes empilés côtoient des tas de revues. Un ordinateur, coincé entre un fauteuil et une plante énorme, est en veille. Sur l'écran, un dessin géométrique apparaît puis disparaît.

Carla pose un plateau sur une pile de beaux livres qui servent de table basse. Les boîtes de soda dégoulinent de buée.

– J'ai besoin d'une douche, dit Mo en examinant sa chemise fripée. Il fait toujours aussi chaud ici ?

– C'est exceptionnel. Ça dure depuis trois jours. Mais actuellement, les températures ascensionnent.

– Grimpent, rectifie Mo.

– Fais comme moi, regarde !

Carla montre ses pieds nus sur le carrelage.

Mo se demande comment sa cousine peut avoir l'air aussi pimpante alors qu'elle a un mal fou à respirer. Là-bas, à La Borde basse, la ferme où elle vit, même si les étés sont chauds, l'air, le vent aident à les supporter.

– En plus, il y a en ce moment une quantité de gaz escarbonique énorme. On parle même de décès dus à la pollution. Coca, Fanta ou de l'eau avec du gaz ? demande Carla en montrant une bouteille d'eau pétillante.

– Fanta, s'il te plaît.

Mona pose la boîte froide sur ses joues brûlantes. Elle a une vague expression de tristesse qui touche sa cousine.

– Va prendre une douche, c'est la porte à gauche. J'appelle mon père à l'institut. Ce soir, c'est lui qui fait la cuisine. Zarzuela de mariscos. Son spécialité. Tu aimes ? J'espère ne pas tomber sur Maria Dolorès, c'est souvent elle qui décroche. Ah, voilà !

Tout en parlant avec un débit incroyablement rapide, Carla cherche quelque chose sous le fauteuil, parmi les livres. Finalement, derrière une pile de revues, elle trouve un téléphone mobile. Elle compose un numéro qu'elle connaît par cœur.

– Qui est Maria Dolorès ?

– Son amie...

Main sur le combiné, Carla se tait un court instant et continue :

– ... Plutôt sympathique mais pas très rigolote. Une scientifique comme lui. Elle travaille dans le même service.

Mo se lève, masse le haut de sa cuisse et se dirige vers une porte peinte en bleu.

– C'est ici ?

Carla approuve d'un signe de tête juste avant d'avoir la communication avec son père. Elle parle maintenant à toute vitesse. Mona n'arrive pas à suivre la conversation en catalan.

La salle de bains ressemble à une cabine de bateau. Petite, mais tout y a une place. Les produits de beauté de la fille côtoient les rasoirs du père. Avec un net avantage pour les crèmes et le maquillage. Mo se déshabille en évitant son reflet dans le miroir puis ouvre le robinet de la douche. L'eau froide parvient à rafraîchir l'atmosphère un peu confinée de la pièce. Mo rentre dans la cabine. L'eau coule, d'abord sur sa main, son avant-bras et puis sur tout son corps. Le bonheur ! Elle entend Carla et arrive à saisir quelques bouts de phrases. On s'habitue sans doute !

– Oui, elle est bien arrivée... Les fruits de mer... Penses-y...

Quelque part, des enfants chantent une comptine. Dans les parages, une radio diffuse une chanson. Mo ne bouge plus. Elle laisse couler l'eau sur sa nuque, son dos. Un réveil sonne. Bizarre à cette heure-ci ! La musique s'arrête. Des bruits de pas dans la cage d'escalier de l'immeuble. C'est très net. Ils montent. Quelque part, quelqu'un frappe une fourchette contre un plat. Clac. Clac. Clac. Régulièrement. À nouveau, des bruits de pas. Ils redescendent.

« C'est incroyable. On entend tout dans cet appartement », pense Mona. Elle reste encore un bon moment à profiter de l'eau fraîche. Puis :

– Ahhhhhhhhhhhhhh.

D'abord un cri. Puis :

– Ahhhhhh, venez, venez vite !

2

— Juana, Juanita, Juanita. Réveille-toi !

Les cris viennent du troisième étage. Aussi sec, Mo coupe l'eau de la douche.

Carla a entendu elle aussi. Elle s'arrête de parler et court, téléphone à la main.

À l'étage supérieur, dans la petite entrée d'un appartement dont la porte est grande ouverte, Montserrat Molina, la concierge de l'immeuble, est penchée sur le corps inanimé d'une femme. Elle lui donne deux magistrales claques. Pas des petits tapotements. Non. Deux belles baffes.

Carla arrive, pieds nus et portable à la main. Enrique Galeano, le voisin de palier, est déjà là, les bras ballants, l'air hébété devant la femme agenouillée qui continue de crier :

– La police, l'ambulance, vite, vite, vite... Allez-y, Galeano, appelez-les...

Mona arrive, cheveux dégoulinants sur un tee-shirt enfilé à la hâte.

– Je les appelle, Montserrat, dit Carla, coupant sans ménagement la communication avec son père et composant aussitôt le numéro des urgences.

– Il faut faire quelque chose, dit la femme. Alors, monsieur Galeano, que faites-vous planté là ? Vous pourriez vous remuer, non ?

L'homme regarde stupidement la concierge qui agite ses gros bras. « Drôle de type ! » se dit

Mo en examinant l'homme à l'allure vaguement orientale. Tout de noir vêtu, gilet brodé sur une chemise en soie rouge, Enrique Galeano triture sa barbe aux poils poivre et sel.

– Je ne vois pas ce qu'il y a de si extraordinaire ! Cette femme a eu un malaise. Avec cette chaleur, rien d'étonnant ! marmonne-t-il dans sa barbe.

Mona s'agenouille, se penche sur la poitrine de la femme et pose son oreille sur son sein gauche. Elle prend sa main, tâte le pouls. Les yeux sont entrouverts dans un visage blafard et regardent dans le vide. Émue jusqu'aux larmes, d'un geste lent et précis, Mona baisse les paupières de la femme.

– Elle... est ?

Montsé est blême, elle n'ose pas dire le mot. Immobile, la bouche grande ouverte, elle attend.

– Oui, elle est morte, dit Mo.

– Vous alors, pour un voyant, dit la grosse femme en se relevant péniblement, vous ne voyez pas grand-chose, Galeano ! Puis, en regardant Mona, elle ajoute : Tu es bien sûre de ce que tu dis ?

– Sûre et certaine, j'ai mon brevet de secouriste.

Mo s'exprime dans un castillan correct, plutôt scolaire mais pas franchement bien vu en Catalogne. Aucune importance apparemment, ils l'ont comprise.

– L'ambulance arrive dans cinq minutes. Quel malheur ! Juana morte, c'est incroyable ! dit Carla qui ne peut détacher son regard de la femme allongée sur le sol.

Appuyée à la rampe de l'escalier, Montserrat Molina extirpe un petit éventail de la poche de sa robe et l'agite frénétiquement devant son visage.

L'homme évite de regarder le corps de la femme allongée. Ses lèvres lippues marmonnent une espèce de litanie. Comme une prière.

– Une femme de cinquante ans ! dit Montsé en regardant le corps étendu d'un air affligé. Ce n'est pas vieux pour mourir. Juana était en bonne santé, toujours contente. Carlita, tu la connaissais bien ! Une femme joyeuse !

« Comme si d'être joyeux pouvait protéger de tout », pense Mona.

– ... Monsieur Galeano !...

Montsé porte sa main à son cou et, aussi rouge que le tissu de sa robe, aussi écarlate que la couleur de ses cheveux teints en roux tirant sur le carmin, continue :

– Je ne me sens pas très bien. Vous pouvez aller... me... chercher... une chaise ?

– Tout de suite ! dit l'homme, subitement empressé et visiblement soulagé de quitter les lieux.

Sur le palier, une fenêtre est ouverte. Mona s'approche et regarde. Dans la cour étroite et plutôt sombre, des plantes rachitiques s'échappent de leurs pots et pendent sur la façade. Plus bas, un pantalon et un maillot de corps sèchent sur une corde tendue entre les deux façades. En face, au même niveau, des bureaux. Un homme et une femme, accoudés à la fenêtre, font face à Mona.

– Que se passe-t-il ? dit l'homme à la fine moustache.

– Une voisine a eu un malaise.

– Pas étonnant, c'est intenable, dit la femme brune qui s'évente avec une chemise cartonnée.

Mo lève les yeux. Dans l'immeuble en face, au-dessus des bureaux, un appartement aux vitres sales et brisées a l'air abandonné. Tout en haut, le carré de ciel n'arrive pas à être bleu. En bas, tapi dans l'ombre d'un renfoncement de la cour, un homme à demi couché sur des cartons ne prête aucune attention au remue-ménage.

Comme portée par un courant, la foule monte les Ramblas vers la plaça de Catalunia ou redescend vers la plaça Portal de la Pau.

– Allons boire un granizado[1], Mona. Ça nous fera du bien !

– Bon dia Carla !

Un garçon juché sur des rollers freine devant elles.

– Paco !

Mona examine discrètement le jeune homme. Grand et mince, sur ses patins il paraît gigantesque. Dans ses cheveux châtains, un épi se dresse sur le haut de sa tête.

1. Boisson à base de citron et de glace pilée.

– Je te présente Simona, ma cousine. Mais tu peux l'appeler Mona ou Mo comme tout le monde.

– Bon dia Mona ! dit le garçon en plantant ses yeux noirs dans ceux de Mo.

– Elle est française, ajoute Carla tout en remarquant que Paco examine sa cousine avec intérêt.

Brune à la peau mate, Mona a des yeux verts qui ne laissent personne indifférent et surtout pas ce garçon. Un tee-shirt très court dégage sa taille au ventre ultra-plat.

La voix de Carla rappelle Paco à la réalité.

– Il vient de se passer quelque chose d'horrible chez moi, dit-elle. Ma voisine, la Juana, est morte. Subitement. On l'a retrouvée devant sa porte.

– Juana, la femme qui nous donnait des Chupas quand nous étions petits ? Tiens, c'est étrange !

Mains sur les hanches, il regarde le sol comme s'il pouvait y trouver la solution à ses réflexions. Pour se faire entendre, Carla doit hurler. Un embouteillage s'est formé et les voitures klaxonnent.

– Pourquoi bizarre ?

– Je viens de livrer dans un bureau...

Carla se tourne vers Mo.

– Paco livre des repas aux employés. Il aide ses parents qui ont un restaurant derrière le théâtre El Liceu, pas loin d'ici.

Le garçon approuve de la tête et continue.

– Un de leurs collègues est mort. Au nord de Barcelone. Un homme de quarante-cinq ans environ. Tout le monde en parlait aujourd'hui dans les bureaux.

– Ça fait beaucoup de morts en peu de jours ! Si la pollution détériore la pierre à ce point, elle peut bien tuer les hommes.

Carla n'a pas tort. On ne peut que constater les dégâts provoqués par la pollution. Tout le long des Ramblas, les façades sont noires. Non loin d'eux, déguisé en Don Quichotte, un jeune homme pose en statue vivante. Intriguée, Mo regarde du coin de l'œil ce spectacle pour touristes. Tout à coup, elle le voit. Il passe et repasse derrière l'imperturbable comédien. Le passager du Paris-Port-Bou s'arrête devant le kiosque à journaux et feint d'examiner les cartes postales.

« Ça alors, le type de la frontière ! »

Il lui adresse un sourire puis, happé par la foule, disparaît. « Quelle chaleur, ça finit par donner des hallucinations ! » pense-t-elle en essuyant son front.

– On peut encore imaginer pire ! Regardez !

Paco prend dans son sac à dos un journal passablement froissé. Il a dû le lire et le replier à plusieurs reprises. Bras tendus, il montre la première page d'*El Pais*. À la une, en grosses lettres grasses, s'étalent les titres suivants : « Hausse des températures dans les jours qui viennent » et, en sous-titre : « Du jamais vu à Barcelone. Danger pour les personnes âgées et les nourrissons. »

– Venez à la Casa Jordi, c'est notre restaurant, précise-t-il pour Mona. Mais le plus tard possible. Je fais le service. Notre serveur s'est cassé une jambe...

Sa main tente d'écraser l'épi rebelle dans ses cheveux. Puis il file sur ses rollers, au milieu des passants, vers la mer toute proche.

3

— Je ne vois pas comment je plairais à un garçon ! Paco n'a pas vu ma jambe, dit Mo de sa voix grave et basse. Si je ne marche pas, les garçons me trouvent plutôt... pas mal. Mais dès qu'ils s'aperçoivent... que ma jambe... alors...

Mo boite plus qu'en début de journée. Elle est fatiguée. Trop mal dormi dans le train. Et cette chaleur ! Pas le moindre souffle d'air.

– Mona, je ne voulais pas te vexer.

– Non, je ne suis pas vexée. Tu crois que c'est facile d'avoir une jambe plus courte que l'autre, recouverte de cicatrices, de porter des chaussures orthopédiques et de boiter ?... Depuis l'accident, je ne peux même plus monter sur une chaise sans avoir le vertige.

Mona, en colère, devient écarlate. Carla ne dit plus rien. Elle tend un chewing-gum à Mo qui refuse d'un signe de tête.

On entend le pas irrégulier de Mo sur le trottoir. Au bout de quelques minutes, elle rompt le silence, au grand soulagement de sa cousine.

– Tu as remarqué, l'homme devant la boucherie ?

– Quel homme ? Il y en a deux.

La boutique peinte en rouge et or fait l'angle de la rue. Devant la vitrine où pend une rangée d'énormes saucissons, un jeune homme range un paquet dans son sac à dos. Un homme avance, une canne blanche à la main.

– L'aveugle.

– Ah ! lui. Il traîne souvent dans Gracia. Tu as dû le voir. Il s'est installé dans un coin de notre cour depuis plusieurs semaines. Un pauvre homme !

Mo se retourne et observe l'aveugle. Difficile de lui donner un âge. La barbe couvre le bas de son visage et ses yeux sont dissimulés derrière des lunettes noires. Il est habillé d'un pantalon noir informe et d'une chemise grise couverte de taches.

Une fois dans la cour de l'immeuble de la carrer del Torrent, Mo fait une halte et masse son genou.

– Vous êtes nombreux à habiter ici ?

– Non, pas très, dit Carla en examinant la façade comme si elle la voyait pour la première fois. Voyons. Montsé, la concierge, en bas. Tu l'as vue tout à l'heure. Elle vit seule, elle est veuve.

Carla se retourne et désigne les trois fenêtres aux volets fermés qui font suite à la loge de la concierge.

– Un couple habite là. L'été, ils partent à Llansà, un petit port sur la côte, au nord de Barcelone.

Du doigt, elle montre cinq fenêtres au-dessus de l'appartement fermé.

– Ici, c'est une association. SOS Info Drogue Sida. Des toxicos viennent, ça ne plaît pas à tout le monde.

Carla fait une petite moue qui peut vouloir dire « qu'importe si cela ne leur plaît pas ».

– Au deuxième étage, c'est chez vous.

Mo reconnaît les fenêtres aux balcons encombrés de plantes.

– C'est ça ! Et puis à côté, les deux fenêtres à moitié fermées, c'est chez Galeano que tu as vu. Le voyant qui ne voit pas grand-chose. Il avait prédit la guérison de ma mère. On l'espère toujours.

En prononçant ces mots, la voix de Carla tremble.

– On y a cru mais elle n'a jamais guéri. Mon père dit que c'est un Charles qui attend.

– Un quoi ?

– Un homme pas très sérieux. Tu vois ce que je veux dire ?

– Ah ! un charlatan. Et au troisième étage, c'est chez Juana ?

– C'est ça. Et puis senyor et senyora Moneda et leur fille Maria. Pas très drôles. Ces gens ne parlent à personne depuis qu'ils sont arrivés de Madrid il y a deux ans environ. La senyora voudrait que l'association parte. La fille a mon âge mais n'a aucun ami. Elle est toujours avec sa mère.

– Et en face ?

Mona examine la façade d'un bâtiment bien moins entretenu.

– L'immeuble est vide. À part au premier. Des bureaux d'une agence photographique. Je crois qu'on va les expulser. Le bâtiment est en trop mauvais état.

– Qui pouvait en vouloir à cette femme pour la tuer ? Tu la connaissais bien ?

– Juana ? Elle est dans l'immeuble depuis longtemps. Depuis toujours pour moi. J'allais souvent chez elle quand j'étais petite. Surtout depuis que nous sommes solitaires. Mon père travaille tard le soir. J'ai même une clef de son appartement.

– Une clef ? Allons voir avant que la police n'arrive. Je trouve ça bizarre. Je n'ai rien dit tout à l'heure devant Montsé et Galeano mais quelque chose était anormal.

– De pas normal ?

– Oui. Dans le cou de la femme. Il y avait une plaie. Pas très belle.

– Une blessure ?

– Je dirais plutôt.. comme une plaie infectée.

– Infectée ? Juana n'était pas une femme négligée. Un peu excentrique, ça c'est vrai, mais très...

Carla réfléchit. Ses sourcils se rejoignent en une fine barre.

– ... coquette. Elle portait souvent des vêtements comme la Jane de Tarzan.

– Tarzan ?

– Oui, jaguar ou panthère.

Carla arrête de mâcher son chewing-gum. Elle le retire de sa bouche, le met dans un papier et le jette dans une poubelle de la cour.

– D'accord. Allons-y ! Mais discrètement et pas longtemps ! La senyora Moneda n'est pas là. Elle passe la journée à la mer avec sa fille. Je les ai vues partir avec un sac de plage. Le mari rentre tard et Galeano doit méditer dans les vapeurs d'encens.

L'entrée dessert des pièces plutôt petites et surtout très encombrées de meubles. Mona pénètre dans le salon. Tout est calme. Les rideaux zébrés noir et blanc sont tirés. Une lumière douce filtre au travers. Sur son passage, Mona ne peut s'empêcher de caresser une statue longue et noire en bois poli.

– Elle regrettait l'Afrique où elle vivait quand elle était jeune. Elle en parlait souvent.

Sur le canapé, des coussins imprimés « panthère » ne laissent plus beaucoup de place pour s'asseoir. Rien n'est conventionnel, mais tout est chaleureux.

– Elle vivait seule ?

– Oui, mais elle avait beaucoup d'amis. Elle donnait des cours à des jeunes.

Comme si elle était chez elle, Carla retire ses chaussures.

– C'est sa famille ?

Dans un cadre en bois exotique, des photos pêle-mêle. Deux enfants à des âges différents sourient à l'objectif, au milieu de vues représentant des paysages africains.

– Ses neveux de Bilbao. Elle ne les voyait presque jamais mais parlait beaucoup d'eux. Juana avait la nostalgie de son pays.

Carla se fige.

– Tu as entendu, Mona !... Des pas dans l'escalier... Il y a quelqu'un...

Mona écoute. En effet. Des pas légers descendent l'escalier puis plus rien.

– Faisons vite. Ne touchons à rien, chuchote Carla. La police va venir. Surtout, ne laissons pas d'empreintes.

– Attends, ne partons pas tout de suite.

Mo tient à visiter la cuisine. C'est une petite pièce aux murs recouverts de faïences multicolores.

– Ta voisine allait manger. Regarde, elle avait mis la table.

Sur une nappe en plastique, une assiette, des couverts, un verre à moitié rempli d'eau ont été préparés pour un déjeuner solitaire. Un plat contenant de la nourriture intrigue Mona.

– C'est dégoûtant cette mouche engluée dans la sauce.

– Arros negre, répond Carla.

– Quoi ?

– C'est le nom de ce qu'elle s'apprêtait à manger. Du riz à la seiche, cuit avec l'encre de la bête.

Il fait chaud et la nourriture dégage une odeur écœurante. Mo traverse la pièce et passe devant la fenêtre sans rideaux.

– Attention Mona. Il y a toujours quelqu'un qui regarde. On peut te voir.

– Ne t'en fais pas. Tu m'as dit que l'appartement en face était vide. À cette heure-ci les bureaux de l'agence sont fermés.

– Partons. Ça suffit ! Et puis j'entends la voix de Montsé dans la cour...

– ATTENTION !

« Comment Mo ose-t-elle crier aussi fort ? » pense Carla, affolée à l'idée de se faire repérer.

– ARRÊTE. JE TE DIS DE T'ARRÊTER !

Mo est blême. Du doigt elle désigne quelque chose au sol.

À côté du pied nu de Carla, sur le carrelage, une veuve noire au corps velu et gras s'approche.

4

— Tuée par une araignée ! Juana ! Dans Barcelone, c'est incroyable !

Carla n'en revient pas. Elle se défoule sur ses droseras[1] en les vaporisant énergiquement. Le soleil pénètre sans retenue dans le salon. Avachie dans un fauteuil, Mo se sent terrassée par la chaleur. Jambes pendantes sur un accoudoir, elle essaie de lire un livre sur les insectes.

– Je ne crois pas, dit-elle en relevant ses cheveux qu'elle fixe sur le haut de son crâne à l'aide d'une barrette.

– Et comment a-t-elle été tuée ? Tu viens de me dire que cette araignée, la veuve noire, est meurtrière. Une bête cruelle.

– Cruelle et mortelle, oui, mais elle n'aurait pas provoqué une blessure, une plaie aussi profonde que celle que j'ai vu sur Juana. Une piqûre, c'est tout.

– Mais alors, si cette bête n'était pas pour Juana, elle était pour...

– ... nous.

Mo recouvre sa jambe avec le pan de sa jupe qui vient de s'écarter. Carla a le temps d'aper-

1. Variété de plantes carnivores.

cevoir une épaisse cicatrice encore rouge sur la jambe de sa cousine.

– Entre le sol et la porte d'entrée de l'appartement de Juana, il y avait largement la place de faire passer la veuve noire. Tu te souviens des pas dans l'escalier...

– Mais alors, on voulait nous tuer !

D'un mouvement vif, Carla baisse le store de la fenêtre qui donne sur le balcon.

– Nous tuer ou nous faire peur. Il faut croire que notre petite visite dérangeait quelqu'un.

Sur le passeig de Gracia, Carla se délecte de pipas. Mona a bien essayé de manger ces petites graines. Elle s'est vite découragée. Ouvrir avec ses dents la bogue pour une graine parfois sèche, voire amère et si petite, c'est lassant. Qu'importe ! Carla avance dans la rue en robe fleurie, recrachant de temps en temps la petite enveloppe des pipas.

– Le 24. Voilà l'arrêt, dit-elle. Il nous laissera assez près du chantier. Paco nous rejoindra là-bas.

– Que fait Paco exactement sur ce chantier ?

– Des fouilles archéologiques. Il y travaille dès qu'il a du temps entre ses études et le restaurant de ses parents. Il pense que ça peut nous intéresser. Je crois qu'il veut te montrer... Bon dia !

Mona n'en saura pas plus. Carla salue l'homme qui vient d'arriver à l'arrêt du bus.

Vêtu d'un costume gris souris, en guise de salut il soulève son chapeau de paille fine. Une longue estafilade barre son crâne à demi chauve. Visiblement, il attend lui aussi un bus.

Carla grignote toujours ses pipas. Mo s'évente avec un journal. La chaleur et le bruit lui donnent mal à la tête. L'homme a l'air nerveux. Sans arrêt, il triture le fermoir d'une sacoche dont le rabat est imprimé d'un logo : un triangle orange dans un carré bleu. Son pied droit bat le trottoir.

Il monte dans le premier bus. Voilà le 24 qui suit. Elles ont juste le temps de sauter sur la marche et aussitôt le chauffeur démarre en trombe.

– C'était qui, cet... homme ?

Mona s'accroche comme elle peut au dossier des sièges. Le bus roule vite et dépasse les voitures.

– Notre voisin du dessus. Senyor Moneda.

Carla recrache l'enveloppe d'une pipa dans le creux de sa main.

– Il n'avait pas l'air à l'aise. Non ? dit Nana :

– C'est vrai. Mais cet homme n'est jamais très relax.

– Tu sais ce qu'il fait dans la vie ?

– Pas vraiment. Je le connais très peu. Nous voilà arrivées. Paco est déjà là.

Une rafale s'engouffre dans l'étroit passage entre deux immeubles délabrés.

– La tramontane souffle, le temps va peut-être changer, constate Paco en regardant le ciel. Puis il tend la main vers Mo et lui dit : fais attention de ne pas te tordre les pieds sur les gravats.

Carla hausse les épaules. Paco est bien prévenant avec sa cousine !

Midi sonne quand ils arrivent sur le terrain de fouilles. Là, le visage saupoudré de rouge jusqu'au bout des cils, un garçon et une fille filtrent de la terre dans un large tamis. Un homme sort d'un abri de chantier.

– Bon dia Paco !

Il a environ trente-cinq ans. Un débardeur collé à la peau par la transpiration, des traces de bronzage sous les vêtements et des cheveux complètement rougis par la poussière.

– Tu viens nous aider avec ton équipe ?

– Luis, archéologue et chef de chantier, dit Paco aux deux filles en guise de présentation. Mona est française. Tu connais Carla ?

– Non, mais c'est dommage, dit l'homme aimablement.

Mona, légèrement en retrait, lui adresse un sourire discret tout en examinant le site. Les fondations des murs d'une ancienne villa romaine ont été nettoyées avec méticulosité et des fils tendus quadrillent le sol. Subitement, un éclair l'aveugle. Mo grimace. Un rond de lumière danse sur les pierres puis descend sur son bras. En face, trois garçons sont assis sur le tas de gravats. À l'aide d'un miroir, l'un d'entre eux s'amuse à capter le soleil.

– Vous avez fait des découvertes ? Je l'ai lu dans le *Bulletin des archéologues*, continue Paco.

– Des pierres et des ossements datant du IIe siècle avant Jésus-Christ. Très intéressant !

– Il n'y a pas beaucoup de monde sur le chantier aujourd'hui constate Paco tout en tentant vainement d'écraser son épi.

L'homme soupire.

– Il s'est passé... quelque chose...

Luis frotte son menton à la barbe naissante.

– Nous avons eu une très mauvaise nouvelle ce matin. Tu connaissais Miguel ? Le grand, un peu chauve. Miguel San Martin ?

– Un homme d'une quarantaine d'années ?

– C'est ça. Il est mort.

– Mort ? répète Paco comme si cela ne pouvait pas être possible.

Intriguées, Carla et Mona s'approchent des deux hommes.

– Mort comment ? dit Paco.

Paco frotte son menton. Lui aussi a de la poussière rouge sur la peau. Tandis qu'ils écoutent le chef du chantier, Mona sent la lumière du miroir sur ses épaules puis dans son dos.

– Nous ne savons pas très bien. La police non plus. Il y a huit jours environ, Miguel a été agressé par une bande. Il faut dire que, depuis quelques mois, le chantier est régulièrement visité.

Mona regarde du côté des trois garçons. Ils ont fini par partir.

– Mais pourquoi ? Que peut-on chercher ici ?

Carla a beau examiner le site, ce n'est qu'un morceau de terre sèche coincé entre des bâtiments délabrés.

– La presse a parlé d'une de nos découvertes, raconte Luis. Au début des fouilles, nous avons trouvé une fibule[1] en or. Depuis, on imagine que nous déterrons des bijoux à tous les coups.

– J'avais lu l'article, dit Paco. Les journalistes laissaient entendre que l'archéologie ressemble à une chasse au trésor. Revenons à Miguel. Il avait été blessé ce jour-là ?

– Au bras. Mais rien de très grave.

– Assassiné par un des membres de cette bande ? C'est un peu fort, non ? Et entre le

1. Agrafe antique.

moment de cette agression et sa mort, avait-il eu des relations avec eux ? interroge Paco.

– Je ne pense pas. Je n'en sais rien. Mais c'est un coup dur. Les jeunes et les archéologues craignent le pire. Ils n'ont plus envie de venir.

Du revers de sa manche, Luis essuie la transpiration sur son visage et y dessine des traces, comme des peintures barbares.

– Nous ne comprenons pas ce qui a pu se passer. Miguel était passionné. Tu le connaissais, Paco. C'était un brave gars.

– Hummm. Si on veut...

– Regardez, nous avons pas mal avancé !

Dans la cabane du chantier, Roberto, le garçon qui tamisait la terre un peu plus tôt, soulève un tissu et dégage un puzzle formé de morceaux de céramique. L'ensemble est en grande partie reconstitué.

– Impressionnant ! dit poliment Carla.

Mais très vite, les deux cousines ne tiennent plus. L'air est irrespirable dans l'abri en tôle où Paco a réussi à les entraîner.

– Excuse-nous, Roberto, je crois que nous allons sortir prendre l'air... dit Carla en regardant sa cousine.

Mona est toute rouge. Elle sent que son crâne va exploser si elle ne trouve pas un comprimé d'aspirine.

– Il fait plus frais dans un sana que dans cette cabane. Tu ne trouves pas ?

Mo s'évente avec la main.

– Sauna, pas sana. Le sanatorium est un endroit où on soigne les tuberculeux. C'est à peine mieux dehors, dit-elle dans un souffle.

Carla hausse les épaules. Les deux cousines se rapprochent de la fille. Une jolie rousse à la peau laiteuse sacrément rosie par le soleil. Elle recueille dans le tamis un minuscule morceau de poterie qu'elle dépose dans un petit sachet en plastique. La poussière n'a pas l'air de la gêner.

– Tu viens souvent faire des fouilles ?

Carla prend un mouchoir dans son sac et le pose sur son nez et sa bouche.

– Les samedis et les vacances.

– Vous êtes nombreux habituellement ?

– Dix, douze, le soir on fait souvent des fêtes. C'est sympa. Si ça vous intéresse, vous pouvez venir !

Carla échange un coup d'œil avec Mona. Elle continue.

– La fête est un peu gâchée, non ? Avec la mort de Miguel.

– Sûr. Ça ne m'a pas tellement étonnée... lâche-t-elle tout en mordant sa lèvre supérieure.

– Pourquoi ?

– Miguel était préoccupé depuis quelques jours. Je crois qu'il avait reçu des menaces... Une lettre...

– Une lettre de qui ?

– Je ne sais pas. Difficile à dire. Miguel aimait plaisanter. Pas facile de démêler le vrai du faux avec lui. Il avait parlé d'une lettre anonyme. Il avait beaucoup ri parce qu'elle était pleine de fautes. Il pensait qu'elle avait été écrite par un des jeunes de la bande qui l'avait agressé...

– La bande qui était sur les décombres de l'immeuble tout à l'heure ? dit Mona.

– Magnifique ! Regardez ! crie Paco en direction des deux cousines.

Il brandit un tibia dans sa main droite

– Trois cents ans avant Jésus-Christ. Extraordinaire, non ?

Mona et Carla échangent un regard navré. La fille sourit et finit par répondre.

– C'est ça. Je crois bien que la lettre venait de ces trois garçons, dit la fille rousse. Puis en observant Paco : Il est toujours comme ça votre copain ?

5

— Tout ça n'est pas normal. Autant de morts en si peu de jours ! dit Carla.

À côté d'elle, sur la banquette arrière du bus, Mona masse discrètement sa jambe.

– Tu es fatiguée ?

La voix de Paco sait se faire douce.

– Mais non, pas du tout. C'est juste la chaleur qui est pénible. Pourquoi me demandes tu si ça va ?

– Ne te vexe pas... Je suis désolé...

Il se tourne vers Carla.

– Ce n'est pas normal. Concernant Miguel, le chef de chantier, il faut préciser une chose. C'était un type assez sympathique mais aussi un peu... comment dire ? Magouilleur. Pas très net. Je sais qu'il achetait de la marchandise volée dans le Barrio Chino. C'est possible qu'il y ait eu un...

Le car freine brusquement et propulse Mona dans les bras de Paco.

– ... règlement de comptes.

Il a le temps de sentir son parfum. Une odeur d'herbe coupée. Mona rougit, se tourne et regarde la rue. Le car vient de laisser sur sa gauche une drôle d'église aux clochers torsadés.

– Tu as vu Mona, nous venons de passer devant la Sagrada Familia, dit Carla, heureuse de montrer un des monuments les plus curieux de Barcelone.

Puis, se tournant vers Paco elle ajoute : La fille qui était sur le chantier nous a parlé d'une bande du quartier.

– Julia. Elle exagère toujours un peu, soupire Paco en levant les yeux au ciel. En réalité, cette bande, ce sont des jeunes plutôt désœuvrés mais pas méchants.

– C'est eux qui étaient sur les décombres ? Ils faisaient les malins avec un miroir pour nous agacer.

– C'est ça. On leur a proposé de venir fouiller avec nous. La majorité de ces jeunes laissent tomber au bout d'un quart d'heure. Ce n'est pas drôle, c'est fastidieux. Mais ces trois se sont passionnés un temps puis ils ont quitté le groupe.

– Julia a parlé de menaces. Par écrit. N'cst-ce pas, Mona ? C'est plutôt précis.

– Ça ne veut pas dire qu'elles viennent de cette bande ou que la mort de Miguel ait un lien direct avec celui qui a écrit.

– C'est juste, Mo. En effet, elles peuvent venir d'une autre personne. Je meurs de soif. Pas vous ?

Mario, le jeune vendeur de journaux, se faufile entre les tables colorées. C'est une figure ici. De nombreux clients lui achètent la dernière édition. Dans un ronronnement, le ventilateur au plafond brasse l'air chaud. Paco a le temps de lire les manchettes : «Des dizaines de personnes hospitalisées. » Le garçon hurle à côté de leur table : « La canicule persiste. Toutes les prévisions dans *El Mundo...* »

Carla aspire le reste de boisson puis réfléchit à voix haute.

– Il y a beaucoup de morts depuis quelques jours. On peut les classer en deux catégories...

Mona se tortille sur sa chaise. Sa jambe lance mais elle n'ose pas la masser pour ne pas attirer l'attention.

Paco écoute attentivement tout en observant Mona à la dérobée.

– Continue, Carla. C'est le début d'une théorie !

– Voilà. Il y a les morts de personnes âgées. Elles ne peuvent plus respirer. Les nourrissons deviennent fragiles. Ils ont des bronchites très graves. Tout ça c'est à cause de la chaleur et de la pollution. Juana n'était pas une vieille dame. Le gars du chantier avait à peu près le même âge. L'homme qui travaillait dans le laboratoire où tu vas servir les repas, Paco, avait quel âge ? interroge Carla.

– Je ne sais pas précisément. Quarante, quarante-cinq ans. Que veux-tu dire ?

– Je veux dire qu'il y a des morts suspectes. Mais fait-on des autopsies pour chacun d'eux ou des analyses ?

– Pourquoi ne pas demander à ton oncle, Carla ? Il est dans la police, non ?

Il ponctue sa phrase par un bruit d'aspiration. Paco a achevé son granizado. Il ne reste au fond qu'un dépôt de glace pilée.

6

À ssis dans un fauteuil profond, les pieds légèrement surélevés sur une pile de livres, Juan Alegria fume sa pipe. Les volets sont fermés.

Un rai de lumière à bonne hauteur suffit pour lui permettre de lire un roman policier sans allumer l'électricité.

– Salut, on doit téléphoner à Pepe. Urgent !

Comme une tornade, sa fille entre dans le salon.

– Carla, qu'est-ce que tu as encore inventé ?

Les deux cousines ont les joues cramoisies.

– Rien, rien, tu ne peux pas comprendre.

– Hum ! Jusque-là tout est normal. Ça va Mona ? Tu aimes Barcelone ?

Le père de Carla a des yeux clairs sous des sourcils très épais. Il regarde Mona par-dessus ses lunettes.

– Ça va. Ça me change de la ferme.

– Je dois téléphoner à Pepe, insiste Carla.

– Et pourquoi dois-tu téléphoner à ton oncle ?

Juan se lève. C'est un homme plutôt petit et trapu. Avec une épaisse tignasse noire.

– Eh bien...

– J'attends, Carlita !

C'est Mona qui vient à sa rescousse.

– Nous nous posions des questions. Concernant les victimes.

– Quelles victimes ? répond-il sèchement. Encore les délires de Mademoiselle ! Tu vas arrêter tes élucubrations, Carla. Un jour, c'est un trafic de stupéfiants à la mairie de Barcelone, un autre c'est la mafia qui intervient à l'école pour les bulletins scolaires...

– Tu as inventé ça ? murmure Mo, la main devant la bouche.

– Très mauvaise année ! répond Carla entre ses dents.

– Ce n'est pas forcément mal d'avoir une idée de ce que l'on veut faire plus tard, dit Mo d'un air posé. Carla dit qu'elle veut être détective privé. Ça fait sourire. Elle n'est pas la seule. Dans ma classe il y a un garçon qui veut aussi faire ce métier.

– Que disent ses parents ?

– Rien. Je crois qu'ils pensent que cette idée ne tiendra pas.

– Et toi, que veux-tu faire plus tard ?

– Je ne sais plus. Je voulais être prof de gym ou continuer le trapèze mais c'est raté. Je dois trouver autre chose. Je ne sais pas encore...

– Bon ! dit Carla impatiente. Je téléphone à Pepe.

Juan tire sur sa pipe et regarde Mona. Elle est la fille de sa sœur Dolorès dite Dolo. Celle-ci a toujours été réfléchie par rapport à lui qui aurait pu soulever les montagnes pour sa passion : la science.

– Holà ! Pepe. C'est Carla... Bien... Oui... Je voulais te poser une question... Comment, encore ! s'exclame-t-elle indignée. Je voulais savoir si dans les dernières quarante-huit heures il y avait eu des morts... Oui, je voulais dire des morts suspectes...

Juan se dirige vers la cuisine.

Au téléphone, Carla raconte les faits et sa théorie. Enfin, le début de sa théorie. Tout en coupant des oignons, son père écoute d'une oreille. Il sourit. Finalement, sa fille aussi est une obstinée.

Dans le salon, Carla, une main sur le combiné, dit à Mona :

– Il cherche.

Puis elle reprend la conversation téléphonique avec son oncle.

– Oui, je voulais dire des morts autres que des gens âgés ou des nourrissons... Rien à ta connaissance, répète-t-elle... Dans notre immeuble une femme est morte. Juana Muñoz. Elle a été amenée à la morgue. S'il te plaît oncle chéri, renseigne-toi pour savoir s'il y a eu une autopsie de faite. Cherche aussi s'il y a des traces sur le corps d'un homme. Miguel San Martin. C'est ça.

Carla raccroche puis renifle. Une odeur d'oignons frits leur parvient :

– Mon oncle va demander. Il râle mais il va le faire. J'ai une faim de... veau, pas toi Mo ?

– De loup.

– Qu'est-ce que tu prépares ? crie Carla en direction de la cuisine.

Une poêle à la main, Juan pénètre dans le salon.

- Quevos à la catalana.

– Carla ?

– Non, c'est Mona. Sa cousine.

La voix de l'homme est nasillarde mais plutôt agréable.

– Bon dia Mona. C'est Pepe. Tou es la fille de Dolo ?

– Oui.

– Ma nièce voulait avoir un renseignement.

– Oui, je suis au courant. Mais elle dort et mon oncle est sorti.

– Ce n'est pas grave. Il suffit de lui dire que j'ai fait une enquête au sujet des décès. À part un suicide, des règlements de comptes dans le port, un crime chez les dealers, c'est impossible de savoir au commissariat central de quoi sont mortes les autres personnes.

– Je comprends, dit posément Mona en contrôlant sa diction.

– Par contre, j'ai téléphoné à la morgue. Il y a deux cadavres qui ont de drôles de plaies sur le corps.

– Comment ça, des plaies ?

Mo s'assoit sur le rebord d'un fauteuil du salon et tend l'oreille pour bien comprendre ce que dit l'inspecteur Pepe Rodriguez.

– Le gars que je connais à la morgue m'a dit qu'il n'avait jamais vu ça. Les plaies étaient très infectées.

– Vous connaissez les noms des deux victimes ?

Mo entend l'homme chercher un papier parmi d'autres. Il a trouvé :

– Miguel San Martin et Juana Muñoz. Ce ne serait pas la voisine au-dessus de chez Juan et Carla ?

– C'est elle. Paco connaissait l'autre homme. Bizarre, non ?

– Ouais... Coïncidence, pure coïncidence. Ça arrive plus souvent qu'on le croit ! Vous pourrez raconter tout ça à ma nièce. Ça va l'occuper dans ses recherches.

– Vous pouvez compter sur moi.

Mo raccroche puis se lève. Elle enjambe une pile de livres. Par la fenêtre, grande ouverte sur le balcon, on entend une radio. *« Les températures se maintiennent. Aucune amélioration, aucun rafraîchissement n'est à prévoir pour les heures qui viennent...* » énonce une voix féminine.

Mo gratte son nez, signe chez elle d'une grande réflexion. « Deux morts qui ont des plaies. Et si cela était le début d'une série ! Carla a peut-être raison. Nous ne savons pas si l'homme de l'entreprise où Paco livre les repas était lui aussi blessé. »

Elle marche de long en large, évitant les piles de livres et les plantes vertes. Il fait déjà chaud à cette heure. Elle s'approche du balcon pour baisser les stores. Attirée par le vide, elle se penche. Elle a juste le temps de voir l'aveugle à son poste. C'est lui qui écoute la radio, transistor collé à l'oreille.

Le vide l'attire. Elle recule, se plaque au mur, attend. Au-dessus, on entend des voix féminines. La mère et la fille Moneda sans doute. « Courage », se dit Mo. Elle s'approche de la balustrade et se penche. Juste à temps pour voir le senyor Moneda traverser la cour, une sacoche à la main.

Mo respire profondément. « Calme. Du calme », pense-t-elle. Avant de pénétrer dans le salon, son regard est attiré par une des plantes carnivores. Elle se penche. Dans la gueule végétale, une mouche entourée d'une substance visqueuse s'est fait piéger.

– C'est dégoûtant ! dit Mo à voix haute. Elle avance la main pour retirer l'insecte.

– Bon dia Mona, déjà réveillée ! Bien dormi ?

– Pas trop. La chaleur... Je regardais les plantes carnivores de Carla. C'est terrible, cette mouche étouffée...

– La nature est assez terrible ! Laquelle ?

Juan Alegria met ses lunettes, s'approche et observe de très près plusieurs plantes.

– Celle-là, dit Mo en désignant les fleurs en forme d'urnes tapissées de poils.

– La sarracenia. Attends, ne touche pas ! Laisse-moi faire.

L'oncle de Mo prend une pince qui ressemble à une pince à épiler.

– Doucement. Viens petite.

Délicatement, il retire l'insecte de la plante, le dépose dans un pot en plastique, referme le couvercle et observe au travers du bocal.

– C'est incroyable ! On dirait, on dirait une... Bizarre, bizarre, je ne peux pas me prononcer mais... On dirait...

– On dirait quoi ?

Trop tard. Il glisse le pot dans son cartable et part comme s'il avait rencontré le diable.

Mo est vite prête. Vêtue d'un pantalon léger et d'un chemisier blanc, elle attache bien haut ses cheveux en une queue de cheval. Elle retient entre ses lèvres des épingles à chignon. Puis, une à une, elle les pique dans l'épaisse chevelure. « Après tout, pourquoi ne pas profiter de la ville ? » murmure-t-elle entre ses dents. Carla dort encore. Il est dix heures. Mona sait que ce sentiment de fraîcheur dû à la douche et aux vêtements propres ne va pas durer.

« Je reviens vers midi », griffonne-t-elle à l'intention de Carla. Mo ferme avec précaution la porte de l'appartement et se retrouve dans l'escalier. Elle sursaute quand elle entend :

– Bon-jour ma-de-moi-selle.

Sur le palier, Enrique Galeano, le voyant, détache les syllabes de chaque mot. Il est apparu sans bruit, salue Mona et disparaît aussi silencieusement.

« Drôle de type, ce Galeano ! Il ne fait pas de bruit. Et si c'était lui qui avait introduit la veuve noire chez Juana ? » pense Mo en arrivant dans la cour. Juste à temps pour apercevoir le voyant tourner à gauche, suivi de près par l'aveugle. Sans réfléchir, elle les suit en laissant quelques mètres de distance entre eux. Galeano longe les façades de la carrer del Torrent de l'Olla et se dirige vers la plaça Juan Charles. La circulation y est intense. C'est l'heure où les gens partent travailler. Mo croise un groupe de filles qui rient. Des hommes sérieux, douchés de frais, tirés à quatre épingles, attaché-case à la main, s'engouffrent dans le métro. Des effluves d'eau de toilette et des relents de gaz carbonique se mêlent.

Mo perd de vue les deux hommes pendant deux ou trois minutes. Quand elle retrouve l'aveugle, Galeano a disparu. Bien disparu. Elle continue à filer l'homme qui marche assez vite. Parfois caché par des groupes de passants, il resurgit toujours de la foule. Mona commence déjà à avoir mal à sa jambe.

Carrer de Mallorca. Essoufflée, elle masse son genou. L'aveugle est là, à quelques pas devant elle. Il s'arrête. Devant le numéro 28, il baisse ses lunettes sur l'arête du nez puis pointe du doigt tous les noms sur la rangée d'interphones. Mo est épatée.

« Fort, pour un aveugle ! » dit-elle entre ses dents.

7

— Je te dis qu'il a lu la liste des noms. Je l'ai parfaitement vu.

Carla a les cheveux ébouriffés. Ses yeux sont encore gonflés de sommeil.

– Et après, qu'est-ce que tu as fait ?

– Je l'ai suivi. Pas longtemps. Attends, j'ai noté la rue…

Mo extirpe un papier froissé d'une des poches latérales de son sac à dos.

– Carrer de Mallorca. Il est rentré dans un immeuble plutôt chic. Il a fait le code sans problème.

– Tu as attendu dehors ?

– Eh bien non ! dit fièrement Mona. Un homme est sorti au même moment. Son portable a sonné à l'instant où il tenait la porte. Je suis rentrée et j'ai eu juste le temps de le voir filer par un escalier de service.

– Tu es montée ?

– Eh bien…

Mo est plus rouge qu'une tomate. Elle regarde ses pieds et finit par dire :

– Seulement jusqu'au premier étage. C'est un escalier de service sans contremarches. Tu comprends, je voyais le vide. Je n'ai pas pu aller plus haut… À cause du vertige.

Carla se tait un instant. Mais pas longtemps. Elle se lève et, pieds nus, arpente le salon.

– Bon, nous allons nous rendre à la première adresse et relever la liste de noms.

Mona pose son verre d'eau sur une pile de livres. Elle retourne le bout de papier sur lequel elle a inscrit l'adresse.

– Perera, Carreras, Neruda, Torres, Montalban, Lopez, Carvalho, Mendoza et Jimenez.

– Dis donc, cousine, tu ne perds pas de temps !

Modeste, Mona finit son verre.

– Pas mal tout ça, dit Carla en imitant la voix d'un chanteur entrevu la veille au soir sur Antena 3 entre deux séries de spots publicitaires.

Elle se frotte les mains, esquisse quelques pas de danse sur le tapis et atterrit devant la fenêtre du balcon.

– Il est déjà là. Regarde ! dit-elle.

Imperturbable, l'aveugle écoute son transistor. À quelques mètres de lui, Montsé Molina arrose la cour au jet d'eau. Un chien renifle un autre chien tandis qu'un coursier en Vespa arrive pour livrer une grande enveloppe. Sans doute pour SOS Info Drogue Sida. Mona fixe l'aveugle avachi dans la cour. Elle le regarde comme si elle ne le voyait pas ou plutôt comme si son regard passait au travers de son corps.

– Vus d'en haut, la vie, les gens, tout paraît simple. C'est quand on les fréquente que les choses deviennent plus compliquées, tu ne trouves pas Carla ? Regarde cet homme, qui est-il vraiment ?

– Oh ! tu es bien tordue et pensive, Mona, aujourd'hui !

Par-dessus l'épaule de sa cousine, Carla observe l'aveugle.

– La bonne question c'est de savoir ce qu'il fait ici. Qui espionne-t-il ?

– Peut-être nous.

– Peut-être. Peut-être quelqu'un d'autre. J'ai l'impression que les grassettes ne vont pas bien. Regarde, les sarracenias se flétrissent.

Carla triture les feuilles d'une de ses plantes, mais Mo n'écoute pas. Fascinée par le vide de la cour, elle se poste sur le balcon.

– Tiens, la senyora Moneda sort. On dirait qu'elle fait un détour pour éviter l'aveugle, remarque-t-elle.

– Oh ! celle-là, elle fait toujours des histoires : à cause de l'association de bagarre contre la drogue et le sida, de l'escalier trop sali, de ma musique trop volumineuse. Je me demande pourquoi elle n'a pas appelé la police pour faire partir ce type.

Tout en parlant, un petit outil à la main, Carla fait de grands gestes pour mimer l'attitude de la voisine. Elle est drôle dans sa chemise de nuit rose, ses cheveux coiffés en pétard et ses yeux marron presque noirs aux cils si touffus qu'on les croirait maquillés.

– Ce matin, ton père a récupéré une mouche dans une plante.

– Une mouche ?

– Oui. Il a dit qu'elle l'intéressait. Il fait quoi au juste, ton père ?

– Une mouche petite ou forte ?

– Plutôt très grosse. Mais ça n'a rien d'extraordinaire. Ce sont des plantes carnivores, non ? Il voulait juste l'examiner.

– Il fait des expérimentations sur des grenouilles. Dans un institut de recherche scientifique. Mais Maria Dolorès est spécialiste des insectes mortels. Elle travaille au même endroit. C'était dans quelle plante ?

– Celle-là. Ton père aura voulu lui faire un cadeau, dit Mo.

– La sarracenia. C'est une grosse mangeuse. Mais prendre la nourriture de mes plantes pour en faire cadeau à sa copine, c'est un peu fort. Tu ne trouves pas, Mona ? Il exagère, non ?

Mona n'a aucun avis sur la question. Du balcon, elle regarde en bas, tout à la fois fascinée et terrifiée. Subitement, tout se brouille. Les bâtiments autour de la cour forment un puits. Elle se sent happée par le vide. Elle recule, son ventre se serre. Mona entend la voix de Montsé devenue familière. La concierge crie plus qu'elle ne parle. Mo ferme les yeux. Adossée au mur, elle respire profondément.

8

Montserrat Molina écarte le décolleté de sa robe imprimée style Hawaii et s'évente la poitrine avec son inséparable outil.

– Je crois que je préfère le froid. La neige même. Mais ça toute la journée, c'est épouvantable, dit-elle.

– Il ne neige jamais ici, c'est bien dommage répond Carla qui a ce matin un look plutôt comique. Elle a attaché ses cheveux en deux couettes très courtes. Ainsi coiffée, on lui donnerait onze ans au lieu de ses treize ans et demi.

– Tu es belle, Carlita. Si tu veux, j'ai de jolis rubans. C'est ma sœur qui me les a donnés.

Carla regarde autour d'elle. La cour est vide.

– Gràcies. Ça va comme ça ! Dis-moi, Montsé, tu le connais l'aveugle qui vient ici ?

– Bob ?

– Il s'appelle Bob ?

– Oui, Bob. Les SDF de la plaça del Sol l'appellent comme ça à cause de De Niro dans *Casino*. C'est un frimeur.

Au deuxième étage, sur le balcon, Mona revient à son poste. Elle a férocement envie de vaincre son vertige. Elle se penche, voit sa cousine et la concierge se parler. Elle s'approche, s'accroche à la balustrade puis recule. Adossée au mur, elle sent ses jambes mollir. Un éclair lumineux l'éblouit. En face, dans l'immeuble déserté, une fenêtre claque.

Montsé doit savoir qu'avec sa voix forte et la cour qui amplifie les sons comme une caisse de résonance, tout le monde peut entendre ce qu'elle dit. Alors, elle s'approche de Carla et chuchote à son oreille.

– Le patron de la taverne, à côté, m'a dit que ce n'était pas un mendiant... Parfois, il va manger des bocadillos chez lui. Enfin, il veut dire que ce n'est pas un mendiant comme les autres, comme ceux qui sont sur la plaça del Sol. D'ailleurs il ne fréquente pas les autres... Il est toujours seul.

Montserrat Molina s'évente sous les bras. De larges auréoles ont taché le tissu de sa robe.

– On dit que ce type travaillait. Et même qu'il avait un bon poste.

– Il a perdu son travail ?

– Son travail et le reste. Ma sœur le connaît un peu. Elle dit que sa femme est partie dès qu'il a été au chômage. Il aurait perdu la vue à cette époque-là. Quelle chaleur !

Quinze heures trente à la pendule au-dessus du bar. La salle de la Casa Jordi est à moitié pleine. Faut croire que la chaleur coupe l'appétit aux Barcelonais. Du bout d'une pique en bois, Mona porte une moule piquante à sa bouche. Derrière le bar, le père de Paco, d'un mouvement régulier, découpe des tranches fines de jambon tandis que sa femme grille des langoustines sur une plaque. En fond sonore, on entend les pschit que font les bestioles au contact de la chaleur. Un journal plié sous son bras, Paco arrive en trombe sur ses rollers.

– Bon dia les filles !

Il dépose sa glacière derrière le comptoir puis s'installe à leur table.

Carla tire un papier très fin d'un des petits distributeurs métalliques disposés sur toutes les tables. Elle essuie la commissure de ses lèvres à l'aide de cette serviette puis attaque la tortilla.

– Tu connais l'aveugle qui est souvent dans notre cour ?

– Oui, comme ça ! Je l'ai déjà croisé dans Barcelone en livrant les repas.

– Il chappèle Bob. À cause de De Niro.

– Bob de Niro ?

– Ché sa.

Carla mange maintenant un petit sandwich fourré de tomates, d'œuf et d'anchois.

– Bob. Che crois qu'il y voit auchi bien que nous.

– Ça ne m'étonne pas. Il n'est pas célèbre mais c'est un grand comédien. J'ai déjà remarqué. Ce qui est bizarre, c'est qu'il ne mendie pas. Paco extirpe un journal de son sac à dos. Qu'il fasse semblant, c'est son problème ! Il ne fait de mal à personne, dit-il en ouvrant le quotidien à la page des sports.

La Barça, le club barcelonais, doit affronter demain le Real de Madrid, et ça, ici, c'est un événement de la première importance.

– Regardez ! dit Mona.

Paco, absorbé par sa lecture, met un certain temps avant de lever les yeux de son journal. Carla et Mona n'en reviennent pas ! Tapant le sol à l'aide de sa canne, Bob passe devant la Casa

Jordi. Derrière lui, une femme, les yeux cachés par des lunettes de soleil, un chapeau en toile enfoncé jusqu'aux sourcils, marche d'un pas rapide. Elle change de trottoir.

– Mais c'est... Mais on dirait...

Carla est stupéfaite.

– Mais c'est ma voisine, la senyora Moneda !

Arrivée au carrefour, la femme tourne à droite. Elle en plein soleil, Bob à l'ombre.

Paco plie son journal et le range dans son sac à dos.

– C'est évident. Regardez. Elle l'évite. Un chien ne se promènerait pas en plein soleil. Plus de quarante degrés à l'ombre, prévoyait la météo. Salut les filles, j'ai encore une livraison, à ce soir peut-être. Après le match.

– Tu connais cet endroit, Mona ?

– Je m'en souviens vaguement. Nous avions dû y aller avec ton père, la dernière fois où je suis venue.

Malgré la lumière très vive, le soleil boude les rues étroites du Barrio Gótico. Mo et Carla passent devant une taverne qui sent l'huile rance. Non loin de là, avachis sur le guidon de leurs motos, trois jeunes hommes, peau percée d'épingles à nourrice, blousons déchirés et bottes de cuir noir, dévisagent les deux filles. Mo les a parfaitement reconnus. L'un d'eux tient un cochon d'Inde blotti contre son torse nu.

– Regarde, les garçons qui étaient au chantier. Ceux qui jouaient avec le miroir en plein soleil, dit Mona.

Pour signifier qu'elle n'est ni étonnée, ni intimidée, Carla hausse les épaules. En revanche, elle se soucie davantage du manège de ses voisins.

– Tu as vu, Bob tourne à gauche. Mais plus de senyora Moneda. Elle a filé comme si elle avait vu le diable. Je me demande où il va comme ça.

Les deux cousines traversent la plaça Sant Jaume. Mo fait une grimace de douleur. Son visage se contracte sous la lumière crue. Elle se heurte à un groupe de touristes qui cherchent la cathédrale. Sa jambe lui fait mal et, malgré ses efforts, elle n'arrive pas à suivre Carla, rapide et légère dans ses tennis.

« Que soient maudites ces chaussures orthopédiques et toutes les chaussures orthopédiques de la terre ! J'ai horriblement chaud », rumine Mo.

Visiblement moins soucieux de simuler son handicap, l'homme marche d'un pas alerte.

– Il a tourné à droite. Il est rentré dans cet immeuble. Celui qui a les trois petites marches. Je crois que j'ai trop mangé, Mona !

Carla tâte son ventre légèrement rebondi tandis que Mo lève la tête. Orné de volutes et de bas-reliefs détériorés, les fenêtres murées de parpaings, l'immeuble se dresse, à la fois élégant et hostile.

– C'est abandonné ? Qui habite là-dedans ?

– Va savoir ? Mais ça vaut la peine d'aller y lancer un œil. Ne dis pas non, Mo. J'ai très envie de savoir ce que fabrique Bob.

Mo masse sa jambe puis regarde à nouveau l'immeuble. « C'est le moment de répondre à certaines questions », pense-t-elle. Elle finit par dire :

– D'accord. Allons-y.

La porte s'ouvre sans difficulté. D'ailleurs il n'y a plus de serrure. Dès l'entrée, une odeur de pourriture les prend à la gorge. Mo met sa main devant son nez et sa bouche. Carla pince ses narines. Elles empruntent un long couloir sombre et arrivent au pied d'un large escalier en bois.

– AHHHH ! Mais c'est... c'est... crie Carla.

– Chut, dit Mona, apparemment maîtresse d'elle-même. J'ai vu. C'était un rat. Il est parti dans ce coin.

– C'est comme une visite au zoo, cette histoire. Il y a des animaux partout... ironise Carlita.

Le rat file dans un tas d'immondices.

– Écoute, dit Mona.

Dans la pénombre Carla n'arrive à distinguer ni le visage de sa cousine, ni les bruits autour d'elle. Elle entend juste battre son cœur. Puis, petit à petit, tout en haut, au dernier étage, elle perçoit des bruits de pas. C'est sûr, ça ne peut être que lui !

– Montons, chuchote Carla. On saura enfin ce qu'il usine.

– Fabrique, reprend Mo à voix très basse.

Mona grimpe avec d'infinies précautions l'escalier envahi de déchets, de papier et de boîtes de conserve. L'odeur l'écœure et lui donne des haut-le-cœur. Carla vient d'atteindre le premier palier et fait signe à sa cousine de monter. La voie est libre.

– Vite Mona !

Au deuxième étage, la puanteur toujours aussi forte envahit le couloir mais ce n'est plus leur principal souci.

– Quelqu'un monte, Mona. Viens par ici !

Sur le palier, toutes les portes des anciens appartements sont défoncées ou ont disparu. Un squat. Les pas se rapprochent. Pas le choix ! Elles pénètrent dans une pièce. N'importe laquelle. Dans l'escalier, le pas est régulier. Il monte. Il monte encore. Jusqu'au dernier étage sans doute. On n'entend plus rien.

– Allons-y, dit Carla.

Avant de sortir, Mo jette un œil à la pièce dans laquelle elles se sont cachées. Elle en est certaine. C'est ici qu'habitent les trois garçons. À côté d'un matelas, comme un berceau, une boîte tapissée d'un tissu épais attend son occupant. « C'est pour le cochon d'Inde », pense-t-elle.

Elles sont presque arrivées au troisième étage quand elles entendent une voix. Puis une autre. Bob n'est pas seul. Ils doivent être au dernier étage.

– Tu m'as trompé. Je te revaudrai ça !

L'homme furieux crie.

– Mais comment aurais-je pu savoir que Juana était blessée ?

Le deuxième homme traîne sur chaque syllabe.

« Tiens, se dit Mona. Mais oui. J'ai déjà entendu cette voix. »

– Tu la voyais régulièrement. Tu aurais dû être au courant...

Elles n'entendent plus. Une porte claque et les voix s'éloignent. Silence. Un robinet goutte quelque part. L'eau doit tomber sur une cuvette.

– Où sont-ils partis ? Tu as reconnu le deuxième homme ?

– Galeano. C'est son complice, répond Mona en se penchant pour essayer de voir où ils ont bien pu passer.

– Quel faux cul celui-là ! ajoute-t-elle.

Carla tâte son estomac et étouffe un hoquet. Mona se penche une fois de plus au-dessus de la rampe. Rien. Ils ne sont plus là. Où sont-ils passés ?

Un rat dévale, passe derrière ses jambes, la frôle, lui laissant le temps de sentir la douceur de son pelage. L'immonde bestiole file en montant sur les pieds de Carla et part en couinant. Mo, surprise par le passage du rongeur, se penche en avant. Elle vacille devant le vide de la cage d'escalier. Ses jambes flanchent. Son ventre se noue. La tentation de ne plus lutter et de se laisser tomber dans le vide l'envahit. Elle revoit le trapèze raté. Elle essaie de s'agripper au mur. Elle monte une marche. Trop tard.

– Mo !

L'eau qui goutte est la seule réponse aux cris de Carla.

Dans un énorme craquement, la rampe de l'escalier et trois marches sans doute pourries ont cédé sous le poids de Mona. Carla a vu sa cousine tomber. Il ne reste qu'un trou. Mo a disparu. Mais sans bruit. Carla se couche sur l'escalier et regarde. Quatre étages et le vide. Tout se brouille. Pas de Mo.

– Aide-moi !

Carla se penche. Son corps est à moitié dans le vide. Personne. Elle ne voit que les volées d'escalier s'enrouler comme un escargot. Pas de Mo. Elle avance encore un peu plus son buste. Elle distingue une silhouette.

– Carla, je suis là.

Mo, accrochée à une barre rouillée, grimace de douleur. Ses bras sont moins musclés qu'avant mais elle résiste. Depuis combien de temps ne s'est-elle pas entraînée. Un an ? Peut-être plus. Elle serre les dents. Carla cherche ses lunettes dans son sac à dos, les met et examine la situation.

– On est dans la merde, Mona !

Carla descend. Même en s'étirant, elle ne peut atteindre les pieds de sa cousine. Trop petite.

– Mo, je vais te guider. Tu vas avancer avec les bras jusqu'au mur. Ensuite, tu pourras descendre. Regarde, les briques sont nues. Tu mettras ton pied. Là, vas-y doucement.

– Je n'y arriverai jamais. Je te dis que je n'y arriverai jamais.

– Mo ! Remue-toi, dit Carla à voix basse, ils vont bientôt descendre. Allez, vas-y !

Mo transpire. Elle jette un regard rapide vers le bas. Le vide lui fait peur et l'attire. Elle ferme les yeux et serre les mains sur la barre. Petit à petit, elle avance. Une main après l'autre. Son corps, très lourd au début, lui semble maintenant plus léger, plus facile à manier.

– C'est ça ! Vas-y doucement, encore quelques centimètres et tu es au bout de l'effort.

Mo atteint le mur. L'enduit est friable mais un trou dans la brique lui permet de prendre appui avec le pied droit. Un paquet de plâtre tombe dans l'escalier et explose quelques mètres plus bas. Enfin, elle pose un pied sur les marches quand des pas retentissent dans les étages supérieurs.

– Vite, ils descendent !

Carla tire Mona par la main. Elles dévalent les marches avec une incroyable rapidité. En haut, les pas s'accélèrent. Ils apparaissent sur le pas de la porte. Trop tard pour eux !

Dans la rue, Bob et Galeano, essoufflés et rageurs, ne voient qu'un groupe : trois garçons aux joues percées d'épingles à nourrice et deux filles aux cheveux sales, ébouriffés comme de l'étoupe, et aux vêtements déchirés.

9

Juan Alegria se penche. Il observe. Se redresse. Se penche à nouveau sur son microscope et regarde attentivement un long moment. Il ôte ses verres puis masse doucement le haut de son nez.

À l'endroit où repose la monture de ses verres, la peau est un peu rouge. Il remet ses lunettes. Regarde à nouveau. Bien qu'étant seul dans la pièce, il finit par dire :

– C'est impensable une chose pareille ! Incroyable !

Soudain, il se lève, renverse un dossier rouge sur son passage mais ne le ramasse pas. Il est bien trop préoccupé par sa découverte ! Il traverse des couloirs et fonce dans l'autre aile de l'institut. Quand il pénètre dans le laboratoire au deuxième étage, une femme travaille sur une machine qui fait vibrer des dizaines de petites éprouvettes.

– Maria Dolo. Tu peux venir ?

L'amie du père de Carla, petite femme blonde aux yeux marron pétillants de malice, sourit en voyant Juan.

– Un instant, je finis. On se voit ce soir ?

– Oui, enfin, je ne sais pas. Viens avec moi, j'ai besoin de ton avis.

Dans les couloirs, Maria Dolo doit presque courir pour parvenir à suivre Juan. Sur une robe en lin sobre, elle porte une blouse blanche ouverte qui flotte derrière elle.

– Tu as vu le diable ?

– Presque, Maria. Presque.

Dans le laboratoire du père de Carla, elle reprend son souffle. D'un geste, il lui désigne le microscope. Avant de se pencher, Maria Dolo retient ses cheveux pour ne pas être gênée. Elle observe un long moment.

– Ça alors. On dirait...

Elle se redresse. Regarde à nouveau.

– On dirait, oui, elle y ressemble. Mais il y a quelque chose qui...

Elle se redresse.

– On dirait ? Vas-y, dis ta première impression !

–*Lucillalapilus.* La lucilie bouchère. Elle se penche une fois de plus. Attends. Il y a quelque chose qui ne va pas. Elle est plus grosse. Ce n'est pas sa taille habituelle. Sa tête est plus importante.

– C'est une mouche génétiquement modifiée. Un truc de fou. Regarde.

Il met une lamelle sous le microscope. Elle s'approche.

– Incroyable ! Jamais vu ! Mais pourquoi avoir fait ça ? La bouchère est une des mouches les plus dangereuses. Elle a décimé des troupeaux et même tué des humains blessés...

– Blessés, Maria, blessés. Avec une plaie. C'est ça le truc. Les gens qui ont été tués ces jours-ci à Barcelone étaient déjà blessés. Je n'ai pas assez écouté Carla. Elle avait sans doute raison.

– Mais pourquoi peut-on inventer une chose pareille ?

Juan se rue sur le téléphone accroché au mur.

– Pour tuer, Maria, pour tuer.

Carla sort l'un après l'autre les aliments qu'elle trouve dans le réfrigérateur et les dépose sur le plan de travail de la cuisine.

– Il n'y a rien dans ce frigo ! Trois œufs. Un reste de viande pas cuite. Une tomate. Toutes ces aventures m'ont fait digérer. J'ai un peu faim, pas toi Mona ?

– J'aurais surtout besoin d'un désinfectant. Je me suis blessée à la joue et sur la cuisse. Regarde !

– Dis donc, tu m'as épatée dans l'escalier. Tu as du muscle dans les bras.

Mo accepte le compliment, rose de plaisir.

Elle soulève sa jupe et pose le pied droit sur une chaise. Une longue éraflure barre sa cuisse gauche.

– J'ai ce qu'il faut, dit Carla en écartant les mouches qui volent autour de la viande rouge. Comme ces bêtes sont agaçantes ! Attends ! Le téléphone sonne.

Pieds nus sur le carrelage, Carla cherche l'appareil. Il est coincé entre deux tas de livres.

– Ah ! c'est toi... Il n'y a rien à manger ici... Tu rentres ce soir ? Comment, je ne te laisse pas parler !

Le ton monte et Carla parle à une incroyable vitesse. Mona attend. Le pied posé sur un tabouret. Elle regarde la cuisine. Même dans cette pièce, les livres ont envahi un placard à côté des épices. Une grosse mouche atterrit sur son genou, frotte ses pattes de devant et grimpe sur sa jambe.

– Comment ça, je dois t'écouter ! crie Carla d'une voix aiguë. Non, je ne suis pas blessée. Pourquoi me demandes-tu ça ?

Mona chasse la mouche qui revient. La bête, obstinée, se rapproche de la plaie.

– Quoi, une mouche tueuse dans ma sarracenia ! Mais ce n'est pas possible, nous sommes à Barcelone. Oui, ça va, ça va, je te laisse parler.

Un silence.

Le bruit du téléphone qui s'écrase sur le carrelage.

Carla arrive en trombe dans la cuisine.

– Mo, les mouches ! Attention, ce sont des tueuses !

Paco arrive, les rollers à la main, essoufflé et en nage. Il dépose sa glacière dans l'entrée du petit appartement. Chez les Alegria, le soleil filtre au travers des volets et dessine sur le carrelage des rais de lumière.

– Que se passe-t-il ici ? C'est quoi cet air mystérieux ? Pourquoi ne pouvais-tu pas me parler quand tu m'as appelé ?

D'un mur à l'autre, c'est-à-dire d'une bibliothèque à l'autre, Carla arpente le salon. Assise dans le gros fauteuil, Mo feuillette le livre sur les insectes. Elle porte un pantalon et un tee-shirt à manches longues. L'éraflure sur son visage est protégée par un pansement.

– Qu'est-ce qui t'es arrivé, Mona ?

« Il a l'air de s'inquiéter pour elle », constate Carla.

Paco s'assoit sur une pile de livres. En vain, il essaie d'écraser son épi.

– La voilà.

Après avoir cherché dans l'index, Mo a trouvé.

– Vous pouvez me dire ce qui se passe ?

– Juana a été tuée par une mouche.

– Une mouche ne tue pas. Ça n'existe pas. Les serpents tuent. Certaines araignées. Mais pas les mouches. J'ai déjà fait des recherches sur le web à ce sujet.

– Erreur. Mon père a trouvé une mouche dans une de mes plantes carnivores. Il l'a examinée. Il s'agit d'une cousine de la bouchère. Cette bestiole a été génétiquement modifiée pour augmenter son penchant pour la cruauté.

– La bouchère ?

Paco ne comprend pas. Carla prend le livre des mains de sa cousine et lit :

– La lucilie bouchère ou *hominivorax*, littéralement « mangeuse d'hommes ». La plus dangereuse vient d'Europe. Au XVIe siècle, les prisonniers des conquistadors étaient blessés notamment au niveau des fers qui les attachaient. Les plaies étaient rapidement infectées par *el guzano de la muerte*, c'est-à-dire le ver de la mort. C'est Charles Cochrel qui fit la première description de la lucilie en examinant les bagnards en Guyane...

Quand Carla lève les yeux du livre, elle regarde Paco. De son bras droit, il entoure les épaules de Mona. Confuse, elle se lève et va chercher des boissons.

– Vous pensez que quelqu'un voulait tuer Juana ? Mais pourquoi ? dit Paco le plus naturellement du monde.

– C'est peut-être un règlement de comptes, crie Carla depuis la cuisine. Pourtant Juana était le genre de femme sans histoires, à moins que dans un de ses voyages elle ait fait des rencontres.

– Cet immeuble est bizarre.

Un décapsuleur à la main, Carla apparaît dans l'encadrement de la porte de la cuisine.

– Je ne vois pas ce qu'il y a de bizarre, Paco.

Carla a toujours vécu dans cet appartement et ne supporte pas une seule critique concernant son territoire.

– Galeano, par exemple, insiste Mona. Et ta voisine, la senyora Moneda. Et Bob. On peut se demander quelles sont leurs relations. Bizarre, non ?

– Ça c'est vrai ! Le voyant est louche, de plus il ne visionne rien. Par contre, l'aveugle voit très bien, résume Carla tout en décapsulant une bouteille de soda.

Le gaz qui s'échappe fait un léger pschit.

– Et cette association SOS Info Drogue Sida. Des gens étranges aussi, renchérit Paco.

– Mais pas du tout. Ils ne sont pas étranges, s'insurge Carla. Ils ont juste besoin d'aide. Malades, perdus, démunis mais pas étranges.

Agacée par l'attitude de Paco, Carla hausse les épaules.

« Quel esprit étroit », pense-t-elle tout en observant le garçon qui passe derrière Mona et lui caresse les cheveux.

– Et la famille au-dessus. Tu ne vas pas me dire qu'ils ne sont pas bizarres. J'ai croisé l'homme en montant ici.

– Et qu'est-ce qui était bizarre ? Je trouve le senyor Moneda d'une normalisation estupéfiante.

– Il portait une sacoche avec un logo. Un triangle orange dans un carré bleu.

– Qu'est-ce que ça a de bizarre ?

Subitement, Paco sourit en comprenant ce qu'il vient de découvrir. En formulant ce qu'il a vu, il a trouvé un indice. Et de taille !

– C'est le logo du laboratoire pharmaceutique où je livre les repas, dit-il.

10

Dans le vaste hall que traversent des gens affairés, les rollers glissent sur le carrelage clair. D'un mouvement sec du talon, tous les trois pilent devant le comptoir.

L'hôtesse, tailleur rouge vif, coupe de cheveux au carré, minuscule micro fixé à un casque, répond d'une voix douce aux incessants appels téléphoniques.

– Laboratoire Codexo bonjour !

Paco la connaît. Elle s'appelle Maria Carmen. D'un mouvement de menton, il lui montre les cartons et sa glacière contenant des boissons. Elle acquiesce de la tête, sourit aux deux filles et d'un regard les autorise à monter.

Deux hommes, portable collé à l'oreille, attendent devant les ascenseurs. Une petite sonnerie indique l'arrivée de la cabine et aussitôt les portes s'ouvrent.

– Ça alors, encore lui !

Mo n'en revient pas. Mêlé à un groupe, le passager du train Paris-Port-Bou est là. Costume clair, cravate rouge sang, rasé de frais, il a une estafilade sur la joue droite. Il l'a vue, mais trop tard. Tous les trois s'engouffrent dans la cabine, suivis par les deux hommes qui, de concert, éteignent leur portable. Mo appuie sur le bouton du quatrième étage.

– Tu t'es trompée, c'est au huitième, dit Paco.

– Je sais. Mais l'homme qui était en bas... Étrange coïncidence ! Je l'ai rencontré plusieurs fois depuis que je suis arrivée, chuchote-t-elle derrière sa main.

– Qui est-ce ?

Mo hausse les épaules pour dire qu'elle n'en sait rien ou qu'elle ne peut pas parler à cause des deux hommes dans la cabine, silencieux mais visiblement à l'écoute. L'odeur d'eau de toilette, dont l'un d'eux a dû largement s'asperger ce matin, a envahi l'espace.

Après un arrêt au quatrième et un changement d'ascenseur, Carla, Mona et Paco atteignent le huitième étage. Ils filent sur le carrelage et s'arrêtent devant la porte du personnel.

– Bon dia Paco. Tu es le bienvenu. Je meurs de faim. Tu as de l'aide aujourd'hui ? dit le jeune homme en dévisageant Carla et Mona.

Il porte un costume beige de coupe moderne et fume un cigarillo.

– Bonjour mesdemoiselles...

– Carla et Mona. Elles vont travailler avec nous au restaurant. Aujourd'hui, je leur montre les endroits où il faut livrer. Fantastique, votre climatisation ! dit Paco en déposant un carton sur un bureau près de la fenêtre. Vous avez de la chance de travailler au frais.

– Si on peut dire.

– Pourquoi, ça ne va pas ?

– L'ambiance n'est pas terrible, répond une petite brune aux yeux noirs comme des olives.

C'est Luisa. Elle a un grain de beauté à la commissure droite des lèvres.

– Pourquoi ?

– Oh rien, rien ! Elle dit ça comme ça ! dit le jeune homme en écrasant son cigarillo dans un énorme cendrier déjà plein.

À contrecœur, il quitte le bureau et se dirige vers une pièce attenante où un téléphone n'arrête pas de sonner.

– Ça n'a pas l'air d'aller, dit Paco à Luisa, débarrassée du regard du fumeur de havane.

Elle a une petite moue.

– C'est à cause de cette affaire malheureuse. Mais nous n'y pouvons rien.

Elle vide l'eau pétillante dans un gobelet en plastique.

– Quelle affaire ? dit Carla tout en surveillant la pièce à côté.

Pepe est en grande discussion. De temps en temps il jette un regard vers Luisa.

– Plutôt deux. Et même...

Luisa montre trois doigts de sa main droite. De fins bracelets cliquettent à son poignet. Elle fait signe à Paco de se rapprocher et dit à voix basse :

– Il y a eu deux morts dans le laboratoire. Et en plus on a cambriolé l'animalerie. Un commando sans doute !

– Un commando ?

L'intervention de Carla ne semble pas déranger la jeune femme. Elle continue.

– L'animalerie est un endroit secret. Seuls les scientifiques et la direction savent où elle se trouve. À plusieurs reprises, des groupes sont venus détruire les installations qui servent à tester des médicaments sur des animaux. Il y a quinze jours, un labo a été saccagé par un commando. Celui où travaillait le pauvre Miguel. Ça porte la poisse !

Deux hommes sont déjà morts dans l'équipe des scientifiques...

– Comment s'appelaient-ils ?

– Miguel San Martin et Juan Traperas. Ce qui est terrible, rajoute le fille en agitant son poignet, c'est la façon dont ils ont été tués.

– C'est-à-dire ? la presse Paco.

Carla jubile intérieurement. « Nous sommes sur la bonne piste. Miguel faisait partie de l'équipe des scientifiques de la Codexo. Il y a donc un lien entre les crimes et l'équipe des scientifiques. »

Luisa porte sa main à sa gorge, les bracelets cliquettent.

– L'un avait une énorme plaie au cou et l'autre à l'avant-bras. On dit que c'était terrible à voir.

Dans la pièce à côté, Pepe vient de raccrocher. Une nouvelle sonnerie retentit. L'homme au cigarillo parle fort à son interlocuteur.

– Combien de personnes reste-t-il dans l'équipe ? dit Paco.

Sa diction est rapide. À côté, la conversation téléphonique s'achève. Le temps presse, mais Luisa a le temps de répondre :

– Eh bien, il reste trois autres scientifiques : Mendoza, Moneda et une femme, Mireia Lopez.

Mona sort la liste des noms de la poche arrière de son jean. Mendoza y figure. Moneda, on le connaît. Qui sera la prochaine victime ?

11

Tous les cars de touristes semblent s'être donné rendez-vous dans le quartier gothique. Des groupes déambulent dans les rues étroites. L'ambiance est électrique.

– Que fait Paco ? Il a promis de nous rejoindre rapidement, s'impatiente Mona.

Il fait lourd. La lumière blanche a laissé place à un ciel plombé. Une Seat rouge fonce et manque d'écraser un passant. Aussitôt une tonne d'injures monte de la terrasse d'un café. Carla regarde sa montre en plastique jaune fluo pour la énième fois.

– Tout le monde a les nerfs à vif. Cela fait trop longtemps qu'il fait chaud, ça va exploser. Paco ne devrait pas tarder à arriver !

– Il a dit qu'il prendrait une arme chez lui. Tu sais ce que c'est ?

– Pas du tout. Peut-être un fémur de l'époque paléolithique, dit Carla en rangeant ses lunettes dans son sac à dos.

– Regarde !

Mona tire sa cousine dans le renfoncement d'une porte cochère. Canne blanche en avant, Bob avance jusqu'au carrefour. Là, une vieille femme obligeante l'aide à traverser.

– Paco a raison. Quel comédien cet homme ! Regarde, Carla. Il se laisse guider par la femme et en rajoute encore en tâtonnant avec sa canne. Il pourrait la remercier !

– Il descend vers les Ramblas. Je suis sûre qu'il regagne notre immeuble. Nous devrions en profiter.

– Mais Paco nous a fait promettre de l'attendre.

Carla hausse les épaules.

– Nous en avons pour quelques minutes et nous ne risquons rien. La voie est libre.

Dans l'ombre d'un porche, les trois garçons les regardent entrer dans le squat.

– En balade, les filles ?

Celui qui vient de parler caresse son cochon d'Inde coincé dans sa chemise puis lance un rot tonitruant.

– Élégant ! s'exclame Carla.

– On y va ! dit Mo bien décidée à ne pas moisir ici.

Malgré tout, sous le regard des trois garçons, elles pénètrent dans l'immeuble avec un petit pincement au ventre. Dès l'entrée, l'odeur du couloir, toujours aussi suffocante, les prend à la gorge. Carla et Mona se dirigent vers l'escalier en prenant soin d'éviter les tas d'ordures. Derrière elles, la porte grince et se referme.

Mo frissonne.

Carla a peur des rats.

Arrivée en bas de l'escalier, elles lèvent les yeux. Horreur ! Au dernier étage, les lattes de bois des trois marches défoncées pendent dans le vide. Mona sent ses poils se hérisser sur ses bras. Son estomac se noue.

– N'aie pas peur. Je t'aiderai.

Pour l'encourager, Carla presse le bras de sa cousine puis commence à monter sur la pointe des pieds. Mo suit, la peur au ventre. Premier étage. Pas de bruit. Au deuxième palier, l'escalier, encore praticable, devient plus étroit vers le troisième étage. Il fait chaud. Mona ne pense qu'à ce passage où il lui faudra enjamber le vide. Elles finissent par l'atteindre.

– Regarde Mona ! Dans le mur, tu peux poser les pieds dans les trous.

– C'est bon ! répond sèchement Mo.

Elle n'a pas envie de parler. « Respirer profondément », se répète-t-elle. « Respirer profondément. » L'envie de vomir la submerge. Le vide est là. Bien qu'elle le sache, Mona s'oblige à l'ignorer. Un pas, puis un autre. Elle s'accroche au mur. Le plâtre s'effrite et tombe sur ses cheveux, ses épaules. Elle transpire et frissonne à la fois. D'un coup, elle se hisse. C'est bon. Elles ont atteint le dernier palier.

– Bravo. Regarde, Mona, il y a un accès. Il doit y avoir des terrasses.

Carla parle à voix basse. Les deux cousines sont arrivées devant une porte à la peinture écaillée. Carla tourne la poignée. Fermée !

Mo se hisse sur la pointe des pieds, passe la main sur le chambranle au-dessus de la porte. Son mètre soixante-quinze a du bon ! Du bout des doigts, elle touche une clef petite et froide coincée sous un fil électrique.

Aucune résistance. C'est la bonne clef, la serrure cède et la porte s'ouvre sur un autre escalier étroit, raide et peu éclairé.

Quand elles sont au milieu des marches, la porte claque derrière elles.

– J'ai peur, il fait trop noir !

La voix de Carla tremble.

– Accroche-toi à ma ceinture. Là-haut il y a un peu de lumière.

L'une tirant l'autre, en tâtonnant, elles atteignent un palier étroit, poussent une dernière porte, et...

– Ça alors ! C'est merveilleux !

Mona n'en revient pas. Comme les champs autour de sa ferme bâtie sur une colline, les toits de Barcelone s'étalent à perte de vue. Au loin on voit la mer. Plus proches d'elles, sur la terrasse, les antennes de télévision gardent ce territoire-comme une armée d'épouvantails squelettiques. Le ciel s'est assombri et déjà un éclair le déchire.

– Estoupéfiant. Regarde, Mo, l'enseigne de Tio Pepe.

Entre le T et le i de Tio, des oiseaux ont niché.

Mo fait un tour sur elle-même. Des toits, des toits et encore des toits, des clochers d'églises, des immeubles modernes recouverts d'immenses panneaux publicitaires et, au loin, la Méditerranée.

De la rue, parviennent des bruits de klaxon. En face, sur un échafaudage, une équipe de peintres travaille. Ils crient. Ils chantent.

Plus près d'elles, à la limite de la terrasse, une cabane en tôle bouche la vue à l'ouest.

– Écoute. Ce murmure ! Ça vibre là-dedans.

Mo colle son oreille à un des côtés de la cabane. Elle n'entend d'abord que les bruits périphériques puis, plus près d'elle, elle distingue parfaitement une vibration, un ronronnement.

– C'est un moteur. Mais il y a autre chose.

Carla est tendue. Elle écoute attentivement.

– Oui, il y a quelque chose qui glisse. Drôle de bruit !

Entre deux tôles disjointes, elles aperçoivent une lumière verdâtre.

De toutes ses forces, Mona essaye d'ouvrir la porte cadenassée.

– Fermée !

– Je crois qu'on a trouvé le labo du meurtrier. Regarde Mona, une barre de fer, là, derrière la cheminée.

Mo la ramasse et la glisse dans l'interstice des tôles qui ne tardent pas à céder. Ses muscles répondent et elle en éprouve une grande satisfaction. Aussi s'acharne-t-elle jusqu'à ce que le trou soit assez grand pour passer la tête. C'est fait. Aussitôt, Mo regarde et se redresse. Elle est pâle.

– C'est monstrueux, ce type est un fou.

Tandis que Carla regarde à son tour, Mo vient de comprendre la situation et répète :

– C'est un fou.

– Pas si fou que ça ou alors fou de génie !

Bob prononce ces mots de façon détachée en jubilant de la surprise des deux filles. Il ôte ses lunettes d'aveugle. L'homme a un regard perçant. Deux yeux clairs brillent sous des sourcils épais et noirs. Ses cheveux longs et mêlés se soulèvent sous la pression d'une rafale de vent. Derrière lui, le ciel s'obscurcit et menace.

Carla a très vite retrouvé ses esprits.

– Pourquoi, pourquoi tout ça ? C'est l'animalerie du laboratoire Codexo, n'est-ce pas ? lance-t-elle à l'homme.

Carla désigne la cabane et son contenu.

– Très bonne question, jeune fille ! Je vois que vous en savez déjà beaucoup.

Bob tire à plusieurs reprises sur ses manches comme s'il voulait cacher ses poignets de chemise tachés de graisse.

– Pourquoi avoir tué Juana ? Qu'avait-elle fait ?

– Rien, elle n'avait rien fait.

Il tire sur ses manches.

« C'est un tic », pense Mona.

– Vous tuez sans motif et vous vous prenez pour un génie !

L'homme fait une grimace, la remarque de Carla ne le laisse apparemment pas de glace.

– Erreur ! Une erreur de parcours. Coïncidence malheureuse. Cette femme était blessée.

– Et alors ?

– Je ne le savais pas. C'était le début de mon plan, la phase la plus difficile. Le fil à linge coulissant s'est cassé. On ne peut pas tout maîtriser. Voilà qui est dommage !

– Mais quel fil à linge ?

– Celui qui est tendu entre les deux façades de votre cour. Il coulisse grâce à deux petites poulies. Je l'avais enduit de jus de viande. Attirée par l'odeur, la lucilie bouchère était guidée jusqu'en face. Pas mal, non, comme idée ?

Mona et Carla échangent un regard.

– Le fil s'est cassé et la mouche est rentrée chez Juana à l'étage inférieur, résume Carla.

La nonchalance de l'homme la révolte. Une mort de plus ou de moins, ça n'a pas l'air de lui poser de problème. Il tire sur ses manches. Le vent souffle de plus en plus fort, s'engouffre entre les cheminées en brique et siffle. Quelque part, un bruit de poterie cassée. Sans doute une tuile. Les oiseaux se sont tus. Les peintres sur leur échafaudage aussi. Carla crie pour se faire entendre.

– Juana était blessée au cou, donc les mouches...

– La mouche, lance-t-il avec importance. LA mouche. Une seule mouche suffit. Grâce à mes transformations, MA MOUCHE est vingt fois plus tueuse que la lucilie bouchère.

« Ce type est complètement fou », pense Mona.

Bob, exalté, les cheveux ébouriffés, saute sur le rebord d'une cheminée. Les pans de sa veste, comme les ailes noires d'un corbeau, volent de part et d'autre de son corps.

– Mais ce n'est pas tout, dit-il en levant son index droit vers le ciel. Je ne fais pas des expériences sur les mouches comme certains qui passent toute leur vie à faire des expériences sur les mouches à vinaigre. Pouah ! Quelle médiocrité !

Carla comprend qu'il ne faut pas contrarier l'homme. Les yeux de Bob s'enflamment, on ne peut plus l'arrêter. Il descend du rebord de la cheminée et se dirige vers la cabane.

– Vous allez voir quelque chose que vous n'avez jamais vu.

Le faux aveugle tire sur ses manches. De la poche de sa veste, il sort une clef, se penche sur une lourde chaîne, défait le cadenas et ouvre grand la porte.

12

Totopolo triture d'une main l'épingle enfoncée dans sa joue tandis que de l'autre il caresse son cochon d'Inde blotti entre sa peau et son blouson.

– Elles sont montées !

– De qui parles-tu ?

Paco glisse vers le porche où se trouvent les trois garçons.

– La grande brune et la petite poupée. Elles sont avec De Niro sur les toits. À mon avis, petit, faudrait te dépêcher si tu veux les voir entières.

Julio s'approche. Il mâchonne quelque chose. Une énorme boulette déforme sa joue tatouée d'une étoile de mer. Le troisième, Mirto, débardeur lacéré, crâne rasé et jean déchiré, joue avec une chaînette argentée qu'il fait tourner au bout de ses doigts, un peu comme une fronde.

– C'est vous qui faisiez des signes avec le miroir sur le chantier ?

– Ça se peut, dit le garçon à la chique.

– Vous connaissiez Miguel ?

– Comme ça !

Julio agite ses mains aux doigts ornés d'énormes bagues en argent pour dire qu'ils le connaissaient un peu.

– On aimait bien Luis, mais Miguel c'était une autre histoire. Ce type était toujours prêt à accuser les autres.

– Sûr et certain.

Totopolo ponctue sa phrase d'un rot tonitruant. Aussi sec, le cochon d'Inde rentre dans le blouson.

– Luis nous a montré des choses. Il nous a raconté des sacrées histoires à partir de petits bouts de poterie qu'il trouvait dans le sol. L'archéo, c'est pas un truc de nase !

Nouveau rot.

– Vous n'avez pas continué ? dit Paco.

– Non, nous on aime trop la liberté. Y avait trop de compromis avec Miguel. C'était pas notre style, dit-il en prononçant le mot avec un accent anglais. Tu sais, si tu veux retrouver tes copines, tu devrais aller voir sur les toits.

– T'as raison Totopolo, faudrait pas trop qu'il tarde. Bob, c'est un danger permanent. Mais si tu veux, petit, on va te montrer le chemin, dit Mirto.

Paco hésite. Puis finit par accepter. Ces trois ne sont peut-être pas des anges mais il sent qu'ils sont sincères.

Les quatre garçons pénètrent dans l'immeuble et montent en silence. Le bruit de mastication devient obsédant. Mirto rumine sa chique. Arrivés au trou dans l'escalier, ils prennent appui dans les niches du mur. Rien ne les étonne. Paco a caché ses rollers dans un recoin. Chaussé de baskets noires qu'il a prises dans son sac à dos, il suit. Curieusement, il ne ressent aucune peur avec eux.

Arrivé en haut le premier, Totopolo passe la main sur le chambranle. Rien. Pas de clef. Sans prévenir, d'un coup de pied, il défonce la porte.

Splach ! La voie est libre. Aussitôt, comme si cela avait été un signal de ralliement, les trois garçons s'engouffrent dans l'escalier et surgissent sur la terrasse en poussant des cris. Bob se retourne, la chaîne de la cabane à la main. Carla et Mona ne sont plus là.

Tout va très vite.

Paco n'en revient pas. Les trois garçons grimpent sur les cheminées. Totopolo arrache une antenne. La casse net sur le dessus de sa cuisse. Tire sur un fil qui résiste et lance son javelot de fortune en direction de l'aveugle. Bob se retourne et jette un regard aussi furibard qu'effrayé. L'antenne ne l'a pas touché.

Les événements s'accélèrent. Danse macabre ou crise de folie ? Les trois jeunes hommes sautent d'une cheminée à l'autre. Mirto dessoude sans sourciller le dessus d'une cheminée et le projette tel un disque vers Bob. Le sifflement envahit l'air. Le tonnerre puis les éclairs lui répondent.

Le faux aveugle, touché au côté gauche, se plie, se relève, s'accroche à la maçonnerie et fuit vers les toits des autres immeubles.

– À l'attaque ! lance Totopolo dans un grand éclat de rire.

Le ciel de plomb se déchire. En fond, les éclairs illuminent la scène. Paco tient sa massue dans la main droite. Une copie qu'il avait achetée au comptoir de vente d'une grotte préhistorique. Les trois garçons sautent d'une cheminée à l'autre, s'accrochant aux antennes qui ploient sous leur poids.

Paco course l'aveugle jusqu'à une passerelle en métal. L'homme trébuche, le garçon n'a aucun mal à le rejoindre. Il le tire par un pan de sa veste. Bob se retourne, ses yeux sont exorbités. Dans un sursaut, il tente d'étrangler Paco. Trop tard.

Un coup de massue. Bob s'effondre.

– Quel dommage ! dit Totopolo d'un air dépité et comique à la fois. Tu aurais dû nous le laisser. Ça fait longtemps qu'on voulait lui donner une leçon.

L'orage gronde et le garçon a pour toute réponse le bruit du tonnerre.

Le calme revient. Alors, provenant de la cabane, ils entendent :

– Ça vous ennuierait de nous sortir de là ?

– Ça vous dit quelque chose ?

Carla tend un bocal devant les yeux de l'homme. Il fixe l'intérieur du flacon. Une des lucilie bouchère empruntées à la réserve de Bob s'accroche aux parois.

– Vous connaissez cette bestiole, senyor Moneda ?

L'homme, honteux, baisse les yeux.

– Vous rendez-vous compte de ce que vous avez fait ?

Les sourcils de Carla se rejoignent en un trait. Elle frissonne. De colère mais aussi de froid. Ses cheveux, ses vêtements ruissellent sur le palier.

– Venez, ne restez pas là, finit par dire l'homme.

Il ouvre grand la porte et fait rentrer les trois adolescents.

Dans le couloir qui mène au salon, les chaussures de Paco, tellement imbibées, couinent à chaque pas. Il pleut sans discontinuer. Mo éternue. Paco essaie d'écraser son épi. En vain, même avec la pluie, ses cheveux restent dressés.

Moneda les fait entrer dans un salon aux fauteuils de cuir noir.

– Asseyez-vous. Ça n'a aucune importance si vous mouillez les sièges.

L'homme s'assoit sur le rebord d'une chaise, face en eux. La pièce est peinte en gris. Peu de meubles, peu d'objets. Un endroit froid et triste. Au fond, pareillement disposée comme chez les Alegria, on aperçoit la cuisine. Ici, tout y est impeccablement rangé. Il s'adresse à Carla qu'il connaît un peu.

– Comment êtes-vous arrivés jusqu'à moi ?

– Vous faisiez partie de l'équipe des chercheurs de la Codexo. Les autres étaient morts. On pouvait imaginer que vous seriez un des prochains sur la liste.

– Bien sûr, bien sûr. C'est ça, dit-il d'un air songeur.

En contre-jour sa silhouette se dessine, massive et affaissée, devant la fenêtre ouverte.

– Mais enfin, pourquoi Bob voulait-il éliminer les membres de votre équipe, senyor Moneda ?

Avant de répondre, l'homme passe ses mains sur son visage comme pour effacer quelque chose.

– Pablo Caballe, c'est son nom, n'a jamais supporté d'être licencié. Quitter notre équipe lui était impossible à admettre.

Le voisin de Carla se tait un instant. Par la fenêtre ouverte, des gouttes pénètrent dans la pièce et forment une flaque sur le carrelage. Aucune importance, l'homme ne s'en soucie pas. Il reprend le fil de ses pensées tout en évitant le regard des trois jeunes.

– Celui-ci était très brillant. Il faisait de la recherche pour son compte. Le travail dans un laboratoire pharmaceutique était pour lui sans grand intérêt scientifique. C'est ce qu'il disait ! Mais quand on a parlé de supprimer son poste, il l'a très mal pris.

– Que voulait-il exactement ? dit Paco.

– Faire disparaître tous les membres de l'équipe. Se venger. Il avait organisé un commando pour piller l'animalerie de la Codexo.

– Tous les spécimens sont dans une cabane sur une terrasse. Serpents, araignées, mouches. Tout semble y être. De quoi décimer Barcelone, intervient Carla.

– Pour Juana Muñoz, notre voisine, je n'avais pas compris que c'était une erreur. Depuis qu'il s'était installé dans notre cour, la situation devenait intenable. Il me narguait tous les matins. Parfois il me menaçait. En tant que responsable de l'équipe, je devenais son ennemi numéro un. Il m'a toujours tenu pour responsable de son licenciement.

– Et c'est faux ? dit Carla en enlevant discrètement ses chaussures mouillées.

– En partie. On m'avait demandé ce que j'en pensais. Caballe était un homme difficile à supporter dans le groupe. Beaucoup de gens se plaignaient de lui... À ce moment-là, sa femme l'a quitté. Il est devenu agressif, hargneux. C'était intenable.

Mona éternue.

– Vous devriez fermer, dit Paco.

– Ah oui ! dit l'homme comme s'il se réveillait. Vous avez raison.

– Et Galeano dans tout ça ? reprend Carla.

– Galeano ! Un raté, un arnaqueur. Manipulé par Caballe, *alias* Bob, Galeano baratinait à son tour ma femme. Elle est crédule, elle gobait tout ce que disait cet espèce de voyant qui n'a jamais rien vu.

– Ça commence à se savoir, ironise Mona. Mais pourquoi s'intéressaient-ils à votre femme ?

– Galeano lui soutirait de l'argent par ses prédictions. Beaucoup d'argent. Ses prédictions ! Il était parfaitement au courant de ce qui se tramait. Et pour cause ! C'était Bob, son complice qui tirait les ficelles.

Au moindre de ses mouvements, les chaussures de Paco couinent.

Mo éternue.

L'homme continue.

– Je ne voulais pas voir, pas comprendre que Bob était dangereux et qu'il irait loin. Si j'avais réagi, j'aurais pu éviter des morts. Juana serait toujours là.

– Qu'allez-vous faire maintenant, senyor Moneda ?

Carla sent la fatigue l'envahir. Elle a presque froid après ces jours de canicule.

– Maintenant ! dit-il brusquement. Je vais appeler la police et donner ma démission. On m'a proposé un poste à Madrid.

Il pleut à torrent. L'homme se lève et regarde la pluie tomber sur Barcelone. Il est massif, ses épaules tombent et tous comprennent qu'il pleure.

Carla se connecte sur sa boîte aux lettres.
Par la fenêtre ouverte, on entend les peintres qui travaillent dans l'ancien appartement des Moneda. Ils crient et Montsé leur répond d'en bas.

Un courrier électronique, ainsi rédigé, s'affiche :

« Carla,

Devine qui j'ai rencontré dans le train ? Le passager du Paris-Port-Bou, ou du Port-Bou-Paris. Comme tu préfères. Je lui ai demandé ce qu'il faisait à Barcelone. Il est représentant pour le laboratoire Codexo en France. Il passait quelques jours en Catalogne pour un stage et se promenait sur les Ramblas le soir où nous l'avons rencontré.

Je me suis connecté sur le site de BTV et j'ai su que Bob croupissait en prison. Je regrette de ne plus être avec vous. Quand je suis arrivée ici tout m'a semblé fade. Mais j'ai beaucoup réfléchi. J'envisage de reprendre l'entraînement. D'ailleurs je retourne au gymnase demain. Je pense beaucoup à toi, à ton père et à Barcelone. Je crois même que je suis amoureuse. Je pense trop à lui. J'aimerais avoir des ailes et revenir. Peut-être aux prochaines vacances.

Mona. »

souris noire

Dans la même collection

1 **Pinguino**
Franck Pavloff

2 **Lambada pour l'enfer**
Hector Hugo

3 **Le Squat résiste**
Franck Pavloff

4 **Ippon**
Jean-Hugues Oppel

5 **Cauchemar-rail**
Stéphanie Benson

6 **Mon frère est un drôle de type**
Olivier Mau

7 **La Calanque des ermites**
François Joly

8 **Un privé chez les nababs**
Gérard Moncomble

9 **Embrouille à minuit**
Malika Ferdjoukh

10 **Nuit rouge**
Jean-Hugues Oppel

11 **Aladdin et le crime de la bibliothèque**
Marie et Joseph

12 **Wiggins et le perroquet muet**
Béatrice Nicodème

13 **Wiggins et la ligne chocolat**
Béatrice Nicodème

14 **L'Assassin de papa**
Malika Ferdjoukh

15 **Frères de sang**
Olivier Thiébaut

16 **Le Disparu de Cabrérac**
Alix Clémence

17 **Le Père Noël s'appelle Basile**
Pierre Pelot

18 **La Planque**
Frédéric Fajardie

19 **L'Inconnue dans la maison**
Stéphanie Benson

20 **Tonton tué**
Serge Quadruppani

21 **Marathon sur l'estuaire**
Hubert Ben Kemoun

22 **La Vengeance de la petite gitane**
René Frégni

23 **Pépé Grognon**
Jean-Loup Craipeau

24 **Un pavé dans la mare**
Robert Deleuse

25 **Une incroyable histoire**
William Irlsh

26 **Trois Soleils mauves**
Marc Menonville

27 **L'Aventure du pied du diable**
Arthur Conan Doyle

28 **Dans le grand bain**
Jean-Hugues Oppel

29 **Au bord de l'abîme**
Charlotte Armstrong

30 Aladdin et la gare de Norvège
Marie et Joseph

31 Ninon et l'homme en noir
Alix Clémence

32 Tonton Émile
Olivier Mau

33 Le Problème de la cellule 13
Jacques Futrelle

34 Rock machine
Marc Villard

35 Le Clone noir
Jocelyne Sauvard

36 Aladdin et la course au caillou
Marie et Joseph

37 Mongo et les sorciers
George Chesbro

38 Fonds perdus
Marc Menonville

39 Cimetière aux étoiles
Pierre Pelot

40 La Peur au ventre
Hervé Mestron

41 Taisez-vous, s'il vous plaît
Louis Sanders

42 Dans son habit de lumière
Alix Clémence

43 Le Cheval fantôme
Stéphanie Benson

44 Le Baiser du serpent
Thomas Scotto

45 L'Enlèvement du bébé Blake
Jacques Futrelle

46 Classe foot
Jean-Jacques Businο

47 Tigre ! Tigre ! Tigre !
Jean-Hugues Oppel

48 La Disquette du G.R.A.A.L.
Mano Gentil

49 Le Châtiment de la déesse
Monique Agénor

50 Vol sans effraction
Marie-Florence Ehret

51 Et hop ! Hip-hop !
Prof' Lu

Achevé d'imprimer sur les presses de

BUSSIÈRE CAMEDAN IMPRIMERIES

GROUPE CPI

à Saint-Amand-Montrond (Cher)
en mars 2001

Composition : D.V. Arts Graphiques
Conception graphique couverture : Didier Thimonier
Dessin de la Souris noire : Lewis Trondheim
Typo dessinée par Anne Ladevie
N° d'impression : 011172/1. Dépôt légal : mars 2001.
Loi n° 49.956 du 16 juillet 1949
sur les publications destinées à la jeunesse

[redacted]